国家出版基金项目

NATIONAL PUBLICATION FOUNDATION

明清野史丛书　第一辑

李鹏飞　编

三湘从事录

（外二种）

［明］蒙正发　等　著

北京出版集团
文津出版社

图书在版编目（CIP）数据

三湘从事录：外二种 ／（明）蒙正发等著；李鹏飞编 . — 北京：文津出版社，2020. 2
（明清野史丛书 . 第一辑）
ISBN 978-7-80554-708-4

Ⅰ . ①三… Ⅱ . ①蒙… ②李… Ⅲ . ①中国历史—野史—明代 Ⅳ . ① K248. 045

中国版本图书馆 CIP 数据核字（2019）第 215929 号

出版策划：安　东　高立志
责任编辑：乔天一
责任印制：陈冬梅
封面设计：吉　辰
书名题字：老　莲

明清野史丛书　第一辑
三湘从事录（外二种）
SANXIANG CONGSHI LU
[明]蒙正发 等　著
　　李鹏飞　编

出　　版：北京出版集团
　　　　　文津出版社
地　　址：北京北三环中路 6 号
邮　　编：100120
网　　址：www.bph.com.cn
发　　行：北京出版集团
印　　刷：北京建宏印刷有限公司
经　　销：新华书店
开　　本：889 毫米 ×1194 毫米　1/32
印　　张：9.125
字　　数：161 千字
版　　次：2020 年 2 月第 1 版
印　　次：2020 年 2 月第 1 次印刷
书　　号：ISBN 978-7-80554-708-4
定　　价：58.00 元

质量监督电话：010-58572393
如有印装质量问题，由本社负责调换

出版前言

1925年12月10日、12日、25日，鲁迅在北京的《国民新报副刊》上分三次发表了《这个与那个》（后收入《华盖集》），在第一节《读经与读史》中，鲁迅说：

> 我以为伏案还未功深的朋友，现在正不必埋头来哼线装书。倘其咿唔日久，对于旧书有些上瘾了，那么，倒不如去读史，尤其是宋朝明朝史，而且尤须是野史；或者看杂说。
>
> ……
>
> 野史和杂说自然也免不了有讹传，挟恩怨，但看往事却可以较分明，因为它究竟不像正史那样地装腔作势。

1935年2月，鲁迅在《文学》月刊第四卷第二号上又发表了《病后杂谈》（发表时被删去第二、三、四节，后全文收入《且介亭杂文》），文末也提到野史：

> ……我想在这里趁便拜托我的相识的朋友，

将来我死掉之后，即使在中国还有追悼的可能，也千万不要给我开追悼会或者出什么记念册。……

现在的意见，我以为倘有购买那些纸墨白布的闲钱，还不如选几部明人、清人或今人的野史或笔记来印印，倒是于大家很有益处的。

鲁迅一向看重野史、笔记之类非"官书"的史籍，盖因官修正史常是"里面也不敢说什么"的，而通过野史的记载，却往往能提供官书有意无意漏略不言的细节，也就是前引文中所说的"看往事却可以较分明"。而明清两代的野史记述了大量官书所不载的人物和事迹，其中还有不少是时人亲见、亲闻，乃至亲历的，其重要性不言可知。这些史料早已为学界所利用，但对大众读者来说，往往还是陌生的。编纂出版《明清野史丛书》，想来还是"于大家很有益处的"。

当然，作为史料，野史杂说也有其不足之处。鲁迅说它"免不了有讹传，挟恩怨"，这在明末清初的一些史料中尤其明显。例如，《蜀碧》等书将明末清初四川人民遭遇的兵燹之灾一概归罪于张献忠，《汴围湿襟录》将决河淹没开封的责任推在李自成头上，《三湘从事录》作者蒙正发粉饰自己和恩主章旷、李元胤的所作所为，敌视由大顺军余部改编而成的"忠贞营"等，经过现当代学者的研究，都证明是不可靠的。由于本系列主要面向大众读者，我们不可能对书中记载一一进行核实和考辩，只能提请读者注意：尽信书，则不如无书。

另外需要说明的是，明清时期的野史，成书之后多通过抄录流传，不但鲁鱼亥豕在所难免，即残损佚亡，也不在少数。我们在编辑本书的过程中，尽量依据不同版本进行校勘，纠正了书中一些错字，特别是错误的人名、地名。但是，有一些人物在不同历史记载中的名字、行迹甚至最终下落都有不同，无法强求一致。如南明武将陈邦傅，一些史料写作"陈邦传"，由于没有第一手史料可供确认，在编辑本系列所收野史时，也只能各从其原书写法。至于明显由于避讳改写的字，如改"丘"为"邱"、易"胤"为"允"、书"弘"为"宏"，则径自回改，以存历史原貌。

总目录

纤　言

［清］陆圻

目　录

上　卷

三案终始

楗击始于万历乙卯五月；红丸始于泰昌庚申八月；移宫始于是年九月，讫于天启丙寅三月。

发　奸

首发楗击之案者，刑部主事王之寀也；首发红丸之案者，礼部尚书孙慎行也；首发移宫之案者，吏科掌印杨涟也。其余从而和之者，如高攀龙、邹元标、刘宗周、左光斗、魏大中诸君子，皆绍明圣学，一代真儒，且其所亲见闻者，安肯以莫须有之事陷人，而顾议东林过激，使群小得以藉口耶！

三案奸党

楗击案中，如刘廷元、刘光复、胡士相、吴尔壎、岳骏声、徐绍吉、韩浚辈，皆奸党也。红丸案中，如黄克缵、王志道、徐景濂、汪庆百、范济世、霍维华、李时馨、刘志选辈，皆奸党也。移宫案中，如贾继春、王业浩、李春烨、孙国桢、孙杰、徐大化、张修德、周昌晋辈，皆奸党也。

要　典

《三朝要典》成于阁臣顾秉谦、黄立极、冯铨之手，真秽史也。是时魏珰乱政，群小矫敕撰书，以为罗织正人张本。天启丙寅年正月二十六日开馆编纂，六月十九日成书，熹宗有御制序文，实诸人窃为之举，是时天子冲龄，拱手而已。

浙　党

浙党之名，始于沈一贯，而成于方从哲。梃击事起，拥戴郑妃者，政府方从哲，德清人。此外则平湖刘廷元、胡士相，秀水岳骏声，崇德吴尔壎（按：崇德吴尔壎系崇祯末进士，以庶吉士参史可法军事，见后文"童氏"条，显非浙党中人。此参与梃击案之"吴尔壎"不知为何人之误。以无确据，不改。），皆浙人也。乃郑氏夤夜输金各百万计，今刘、胡、岳、吴，子孙皆贫矣。

国　本

　　神宗中宫无子，光宗于庶子中最长，万历十四年乙酉二月，内辅臣申时行奏请建储，神宗迁延不决。至二十九年辛丑十月十五日，而元良始建，中间朝臣执争，神宗累加谴怒，年年更改，岁岁易期，相去一十六载之久，自古父子相传，未有若斯之难也。自非嬖妾郑妃母子擅宠，则姜应麟、沈璟元诤，何故降谪乎？工部主事张有德请仪物，何故罚俸乎？三王并封，而朱维京、王如坚疏论不可，何故谪戍乎？礼科杨天民等疏催，何故奉严旨乎？大抵深宫摘蔓之谋，中于醉饱，宸极易储之意，萌于床第，特难者，外廷之公正发愤无以谢之耳！乃不得不以威詟臣下，坐之以不可居之名，而冀以钳天下之口。

　　自十四年起，俞允册立，凡有请行者，俱以渎扰、激聒、离间、卖直之罪名。十八年有诏，静听一年，明旨再无中变。及十九年八月，又改二十一年。至期，又云少候二三年。至二十六年五月，又改二十九年十月，而仅乃得定。盖太子几危者数矣，太子此席几得而复失者屡矣。吁，继离出震，自有定分，父子授受，何嫌何疑，而使主器摇摇，蹈兹频复之厉哉？当其时，批鳞直言，羽翼太子者，正人也；阿附宫闱，迎合上意者，小人也。危其身以格君之非者，正人也；媚其身以逢君之恶者，小人也。而呶呶之口，动加正人以取富贵、间宫闱之罪，不思张良从赤松子游，尚不忘进四皓以辅太子，何尝为一身富贵之资？而李邺侯保全代邸，不欲树功舒王，岂其离间两宫，交斗天性耶？诸小人倡为若说者，不惟不忠，抑且无学。

郑氏植党

清溪胡问欹先生，名公胄子，弱冠举万历癸丑进士。在燕都时，有杭僧名无尘，每过邸中，饷以远方珍味，如天厨异馔，非苾刍可办也，先生心异焉。一日，无尘云："某欲偕居士暂过一僧处。"先生许之。其僧近东华门，扃关不出，云："进士欲馆选乎？邻居苏内相者，郑娘娘位下人，寓意于某，试一呈身，可得美秩耳！"先生虽年少而性远权势，竟不之往。始知杭僧异味珍奇，皆出郑氏之物。其广树私交、倾危国本，事皆如此。不二年，梃击变起。

张差梃击

万历乙卯五月初四日己酉，有张差梃击之变。按，张差是苏州井儿峪人，小名张五儿，年二十五岁。父张义病故，有亲马三道、李守才等同居井儿峪，又有姐夫孔道住本州城内。守才等教差随内监庞保入京，时保管修铁瓦殿，而守才每至保处送灰，故令差随往。又守才嘱差云："汝随保去，事成，与汝几亩地种，勾汝用度。"三日，宿燕角铺。初四日，入京，至内监刘成大宅中。庞保、刘成、守才等在玉皇殿商量，与差饭吃，授差枣木棍，逼差前往，且云："打上宫去，撞一个，打一个。能打了小爷，吃也有，穿也有。"刘成领差进后宰门，又说："汝打了，我力能救汝。"是时，日已将西，直至东宫门上，将守门内监李鉴一棍打倒，闯入前殿檐下，为内监韩本用等所获，付东华门守卫指挥朱雄等收之。

初五日，遣韩本用奏闻，上命法司提问。庚戌，巡视皇城御史刘廷元上疏云："臣于皇城公署再三考讯，差有'吃斋讨封'等语，话不情实。按其迹，若涉风魔，稽其貌，的是黠猾。情境叵测，不可不详鞫而重拟者。"丁时附郑诸奸，以"风魔"二字轻轻结案，庶可不究主使，而为郑氏出脱之地。不知廷元初讯，已得真情，故云"若涉风魔"也。而云"的是黠猾"，则差受人主使，实情已俱在廷元意中，原不待王之寀散饭狱底，骗其逗露，乃始翻案也。彼廷元者，不述"风魔"之语，势必根究主使，宫闱之间，将兴大狱，而神宗之怒且不测；不入"黠猾"二字，则真情全然抹杀，朝论必致沸腾，而青宫异日正位，廷元不保首领矣！廷元之倡为若说者，无心为国是，而有意保身家者。善乎南京御史王允成之言曰："说者谓张差为风癫，夫青宫非发风之地，庞保、刘成岂并风之人？"大理丞王士昌之言曰："人至失心如躩兽，然遇物则击，岂能择地而施？方其戴棍于街市之中，从容于后宰之入，何无一人觉察，直至宫前乃始逞技耶？"御史方震孺之言曰："差即癫人，然不癫于他所，而癫于元子之宫，危在五步之内矣！"凡此数言，可以决其伪，群小为之掩饰，其丧心甚矣！

庞保　刘成　马三道　李守才

五月二十日乙丑，刑部十司会审张差一案，是时司官署名者，胡士相、陆梦龙、邹绍先、曾曰唯、赵会桢、王之寀等一十八员。张差口供："内监庞保、刘成、马三道、李守才商量进内，教打小爷。"情景逼吐，绝无抵饰。盖廷元疏奏"风癫"后，提牢主事王之寀散饭狱底，密叩张差，颇得真情，自有主使，故复有二十会审之举，多官耳目具在，乃铁案也。亡何，刑部疏请提庞保、刘成对鞫，仍行蓟州道提解马三道等。壬戌，刑部司官会审马三道等，先期，郑国泰行贿问官胡士相、吴尔壎辈，过付者，中书吴中秀、千户陈纪也。国泰密令人入狱，剪去差舌。既而薄刑马三道，于是三道、守才以送灰保、成修铁瓦殿，委系无干，并诉差癫状。差一字不能吐，而风癫竟具狱矣。

神祖屡诏马三道等无辜，不宜滥及，致伤天和，仅拟一流。甲戌，但决张差于市。乙亥，命司礼监会九卿、三法司于文华殿门外鞫审庞保、刘成。保原名郑进，成原名刘登云，辗转不招，盖文华严禁之地，例不用刑，保、成辈安肯吐实？而张已死，无人质辨，此神祖全保、成之深意也。方审时，神祖又促东宫手诏言云："张差持棍闯宫，至大殿檐，当时就擒，遍搜并无别物，其情实系风癫，误入宫闱，打倒门官，罪所不容赦。后复招出庞保、刘成，本宫反复参详，保、成身系内官，虽欲谋害本宫，于彼何益？料保、成必素凌虐于差，故肆行报复之谋，诬以主使。本宫念人命至重，造逆大事，何可轻信？连日奏求父皇速决张差以安人心，其诬招保、成，若概治罪，恐伤天和。况名姓难以干连，从轻拟罪，则刑狱平，而于本宫阴德亦全矣！"

诸臣接宫谕，知为神祖之意，不便深求。然六月丙子，刑部犹复上疏曰："文华严禁之地，讯问保、成，不用刑具，何由得实？乞皇上发外廷从公鞫审。"神祖云："郑进、刘登云的是诬攀，招词互异，难以凭据，不必再问。"部臣又请，神祖又谕如初。丁丑，又谕保、成用刑五次，已毙大内。夫丙子无用刑之说，而丁丑即云杖五次而毙，其朦胧结案，秘不欲发，可知也。

国泰行贿

梃击事起，朝议沸腾，俱欲推究主使。郑国泰惧谋泄，危如累卵，密使干仆郑鳌行金于诸司，中书吴中秀、千户陈纪、陈长班过付，四科五道刘廷元、刘光复，刑部胡士相、吴尔壎、曾曰唯、岳骏声等，皆受贿者也。过送之地在红庙，与国泰家咫尺。其王之寀数人忠侃无私，计安国本。善乎左都御史高攀龙疏曰："阁臣方从哲、御史刘廷元毫无忠胆，独刚正刑曹王之寀、李偁、张廷、陆大受等为君父告变，执法贾罪。"

而给事何士晋以戚臣郑国泰有揭辨陆大受疏，因上疏曰："臣按郑国泰部曹转疑转深一揭，盖为陆大受疏发也。查大受疏内虽有'前年为藩臣庄田直陈大难，身犯奸豌凶锋'等语，彼特借此发端，以明杞忧之果验；而语及张差近事，原止欲追究内官姓名，大宅下落，并未尝直指国泰主谋。此时张差之口供未具，刑曹之勘疏未成，国泰岂不能从容稍待，何故心虚胆战，辄尔具揭张皇？人遂不能无疑于国泰矣！国泰若欲释人之疑，计惟明告宫中，力求皇上速将张差所供庞保、刘成送三法司公同拷讯。如供有国泰主谋，是乾坤之逆、九庙之罪人，臣等执祖宗之法，为朝廷讨乱贼，不但宫中不能庇国泰，即皇上亦不能庇也。借剑尚方，请自臣始。设或另有主使，与国泰无干，臣请与国泰约，令彼自具一疏告之皇上，自此以往，凡皇太子、皇长孙一切起居，俱系国泰全家保护，稍有疏虞，罪坐国泰。则臣与在廷诸臣亦愿与国泰保身家之事，乞皇上与皇太子有好无尤，永全恩礼，是所以报国泰也。若国泰今日畏各犯供招，一味荧惑圣听，久稽廷讯，或潜散党羽使远逃，或阴毙张差使灭口，则此狱将终不结耶？惟国泰审处。"

后天启乙丑年，魏珰擅政，刑部岳骏声为郑氏白冤，准国泰子养性回京师九门外安插管业。

红　丸

光宗以庚申八月初一日丙午登极，郑妃进美女六十人，光宗选中十人，余发还。初十日乙卯，即得身软之疾。万寿节，百官朝贺，传免。十三日，常朝，传免。惟十二日御门之始，力疾视事。先是，御药房提督内监崔文昇故投攻泄之剂，以致病剧，其机关不可问也。又有德清生员方文献者，为辅臣方从哲族侄，光宗不豫时，文献适在从哲府中，有鸿胪寺李可灼者，持药一函，日伺从哲门首，自言"今上疾，非我不能愈"，文献怪之，亦不敢言。偶一日，从哲出朝，漏下一鼓矣，大呼云："圣上病已剧，可奈何？"文献见从哲迫切，因言及李可灼。次日，从哲即召可灼，引之入，进红铅一丸，使传药后，圣躬舒畅，思进饮膳。时日已午，上命再进一丸，次日九月初一卯刻晏驾。其传奏引进者，实系从哲，而《要典》以为姓名不可问，则欲盖弥彰矣。

崔文昇

光宗忧劳成疾，几务殷繁，兼郑妃进丽色以蛊惑之，而身软喘作。此明明内伤之极，气不归元，故软见于下，火来刑金，故喘作于上。内监崔文昇为御药房提调，护府第日久，未闻误药，而至此则屡投大黄，此岂大黄之证耶？吾不知郑妃使内竖时承命御前，往来如织，其交通作何等语，而文昇举动如此。然则文昇之罪，盖在可灼之上也。乃方从哲票拟不下法司，而下司礼监查明奏处，御史郑宗周劾其庇顾，无所辞矣。南京御史李希孔疏云："文昇以洞泄之药，疗虚怯之证，其为故不为误，又复何疑？"光禄卿高攀龙议曰："文昇下药，先于红丸。"给事赵时用曰："可灼当亟正其罪，而文昇之罪尤重。"给事中霍守典议曰："文昇宜置极刑，可灼次之。"彭汝楠奏曰："可灼进药，在先帝弥留之日，当时面召阁部诸臣，语及山陵等事，势已岌乎其不可支矣，而可灼市井小人，侥幸富贵，以万乘之尊，轻为尝试，幸而成，则扬扬得意，不幸而误，则身膏斧锧，固其宜也。两人之罪，均不容诛，而文昇真为首矣！"

方从哲五大罪

光宗以忧惧之身，三十日盛治之主，郑妃进丽色以蛊惑之，又遣内侍向御前时时承奉不绝。一旦致疾不起，直臣如邹元标、刘宗周、杨涟、孙慎行等，怀忠爱之心者，无怪乎有忠愤之语也。乃方从哲党于郑氏，窃弄威福，颠倒朝纲，有五大罪焉：轻票张差，一也；察处忠直，二也；不谏郑氏进美女，三也；故纵崔文昇，四也；厚赏李可灼，五也。

移 宫

李选侍本郑贵妃私人，始进之以蛊惑泰昌者。泰昌庚申年八月戊辰，光宗疾大渐，乃云："父皇在日，曾将长子令选侍看管，皇五子无母，亦是选侍看管，又遗命册封为贵妃。"礼臣孙如游抗奏，谓宜俟显皇后、皇太后加尊谥，及郭元妃、王才人加封皇后四大礼竣，方可举行。九月初一日乙亥，光宗宾天，选侍犹在乾清宫，诸大臣周嘉谟、左光斗、杨涟等，以熹宗时年十六，方在冲龄，而选侍粉白黛绿之姿，不宜令在左右，此自老臣深虑。选侍既一时不肯出乾清宫，则请熹宗移慈庆宫以隔绝之。况九月初六日登极，新天子万无迸居慈庆之理，势须速令选侍入哕鸾宫，毋得占住乾清，要封称制，有伤国体，其论本发于公忠也。初六要登极，而初五尚未移宫，则即位之后，天子将与选侍并居耶？此万万不可。所以杨涟、左光斗等候御旨，即日迁移，必待选侍与皇八妹俱有舆乘出，从容进哕鸾宫。而奸人捏造选侍雉经、八妹入井，御史贾继春恶直丑正，以子虚亡是之语，横入弹章，殊足恨也。

　　熹宗敕谕群臣曰："选侍因殴崩朕母，彼自知有罪，每使宫眷王寿花等时来探听，不许朕与圣母下原任各官说话；如有旧臣来问朕安说话，选侍就拿去重处。此朕苦衷，日久难伸。虽蒙皇考派彼照管，朕不在彼居住，其饮膳衣服皆系皇考所赐，与选侍毫无相干，只每日往选侍宫中行一拜三叩头礼。因不往宫中住，选侍之恨益深，其侮慢不堪，朕日夜涕泣。此内臣宫眷所共见而不忍言者。皇考自知选侍之误，日来劝朕，又使各官劝解。乃今九月初一日，皇考宾天，阁部科道大臣进宫哭临毕，再四奏请朝见朕，不可得。当时司礼监等奏请朕出暖阁面见大臣，李选侍许而复悔。及朕出暖阁，又使李进忠等请回再三。司礼等官奏朕：'大臣朝见。'朕至乾清宫丹陛上，大臣扈从前导，选侍又使进忠拉住朕衣不放。及至前宫门，选侍又差人数次著朕还宫，不令朕御文华殿。初一日，朕自慈庆宫躬侍皇考入殓，选侍又阻朕于暖阁不得出。司礼监王体乾等奏云：'大臣在前宫门恭候扈驾。'选侍全然不听，又固请，方许出暖阁。初二日，朕至乾清宫朝见选侍毕，恭送皇考梓宫于仁智殿。行礼未毕，选侍遣人促朕再起朝见，方许回慈庆宫，是时所亲见者。朝见选侍，必至再三，乃明明以皇威挟朕躬垂帘听政之意。朕今奉养李选侍、皇八妹，饮食衣服，各项钱粮，俱从优礼。"

九月乙亥，御史左光斗上言曰："李氏既非嫡母，又非生母，俨然居正宫，而殿下乃居慈庆，不得守几筵，行大礼，典制乖舛，名分倒置。即先皇帝贵妃之命，亦在弥留之际，其意可知。且行于先皇，则伉俪之名犹可；行于殿下，则尊卑之称有断断不可者。倘及今不早为之计，将借抚养之名，行专制之权，武氏之祸，立见于今日，诚有不忍言者矣！"

初五日己卯，杨涟上言："先帝升遐，人心危疑，谓深宫中有先朝选侍，欲俨然以母道自居，外托保护之名，阴怀专擅之实。大小臣工，心窃疑之。故力请陛下暂居慈庆宫者，实有鉴于皇祖郑贵妃之事，欲先择别宫而迁之，然后奉驾还宫，此臣等之私愿，忠于陛下之深心也。今诸臣静俟五日，登极已定明日矣，既登大宝，岂有天子复偏处东宫之理？而怙恃宠贵，妄自尊大，犹逼处于其间，种种情形，非分非法。抑将借皇贵妃名色，遂目无幼主乎？贵妃，虚名耳，册立虽出先帝遗命，开恩尚在今上新编。以今日天地神人之共主，即皇祖与先帝之伯叔兄弟，俱在称人之例，两宫圣母若在，亦必加以皇帝尊称。选侍何人，妄恃旧恩，曰'我贵妃''我哥儿'，作此大不敬语？宜恪遵天语敕命，立刻移入一号殿，养老自便。"

杨涟又疏曰："皇上继离出震之时，诸臣共有防微隐虑。当时首请御文华殿，受群臣嵩呼者，部院周嘉谟也。初出乾清宫，群臣拥护之日，捧皇上之右手者，英国公张继贤也，捧左手者，阁臣刘一燝也。臣不过从诸臣后，如同舟遇风之人，乃以忿争之故，独受忠直之名，臣之不安者也！"

庚申十月辛丑，熹宗又降敕云："朕昔幼冲，李氏恃宠，屡殴圣母，以致怀愤成疾崩逝。朕有冤难伸。皇考病笃，大臣各进内问安，李氏威挟朕躬，使传封皇后，复用手推朕。朕因避李氏恶毒不自安，暂居慈庆宫。李氏又差李进忠、刘逊等传言：'每日章奏文书，先奏我看过。'方与朕览，仍即要垂帘听政。御史有言：'李氏他日必为武氏。'朕思祖宗有此规制否？"

十月丁卯，哕鸾宫灾，熹宗又谕曰："皇五弟与诸公主见居勖勤宫，与哕鸾宫相隔甚远，已差人守护。今哕鸾虽毁，李氏与皇八妹俱无恙，时谕卿等知之。"

后逆魏忠贤擅政，选侍竟封康妃。其首创移宫之议者，杨涟、左光斗、魏大中、周朝瑞、袁化中、惠世扬等，忠贤矫旨拿送镇抚司，许显纯用极刑毙于狱底，天下冤之。崇祯初，仍赐谥荫祭葬，表其忠迹焉。

黄克缵　贾继春　姜昇

熹宗手诏云："当日移宫，朕随差管事人护送，各有轿乘。其移宫后，廪给月粮，承值人员，颇从优厚。乃内监姜昇原系李选侍心腹，平日得罪圣母，更盗窃御内宝物，自知恶状多端，故创手抱皇妹，并有'八妹入井几死、选侍雉经几毙'等语，欲以倾内监王安及二三奉公大臣也。其部臣黄克缵、台臣贾继春表里为奸，遂以入井、雉经入告，而不知诈伪之拙，殊可恨哉！"王安目击选侍妖媚蛊惑，挟熹宗与俱，不胜忧虑，与宫掖间群小不合，后魏珰窃发，立置之死。

怜王安

御史周宗建弹郭巩疏曰："王安之死也，身首异处，肉饱鸢鹰，骨投黄犬，此亦古今莫有之惨毒也！安于平日以正气处魏进忠辈，事虽已甚，而此惨毒无不怜之。"又云："王安之死，果出何人陷害，则进忠于此便为一大罪案，巩之媚进忠便为一证据。"按，魏珰原名进忠，天启末改名忠贤。

大珰盗宝

泰昌庚申年九月初五日，仓卒移宫，李选侍及近侍诸珰乘光宗晏驾、熹宗幼冲未践祚时，将乾清宫宝玩等移之哕鸾宫，掠盗一空。锦衣卫梁慈等疏称："打问过刘逊，招称：'与进忠、刘尚礼、姚进忠、刘朝、王永福、郑稳山等，随从李选侍，拿带传代珠宝头面宝石等物。'"刑科给事中魏应嘉参："看得李进忠等，俱系偷盗宫中传代宝物钱粮紧关人犯也。诸犯房宅，遍满京师。"御史张泼上言："连日以来，捉获多少大珰。试问诸珰来历，强半郑贵妃之私人，否则李选侍之近幸也。选侍素仇皇上之生母，先帝付托非人。"给事中惠世扬参方从哲受刘逊、李进忠盗藏美珠，夜半密约，必欲封为贵妃，又欲占住乾清宫。而魏珰扇焰时，反云王安诬诸珰盗宝，并云姜昇抱八公主，凡簪珥衾裯之属，俱被安掳。究竟王安处死，而盗宝诸珰多漏网生全者。颠倒是非，一至此耶？

黄克缵内宣　毛士龙削籍

乙丑五月，御史宋师襄奏曰："盗珰下狱，黄克缵多方卵翼，结为干子，得不死，非刘朝所感恩而图报者乎？无何而以戎政内宣矣。毛士龙严为抄参，旨几中寝，非刘朝所顿足而切齿者乎？邵辅忠乘机献赞，无何而以投匦削籍矣。”

客　氏

客氏者，熹宗乳媪也。宫中旧例：内监与宫女配为夫妇，宫女赖内监买办，内监藉宫女补缝，盖耦相比，无异民间伉俪焉。乃客氏姿色妖媚，心喜魏忠贤狡黠，熹宗于夜半特给忠贤为妻。二人在帝左右，播弄非一，即中宫张皇后端丽非凡，客氏且能间之，又况外庭纷纷，其为荧惑多矣。善乎御史周宗建之言曰："昔汉杨震于灵帝（按：当作安帝）初年，争执王圣之弄权；左雄于安帝（按：当作顺帝）初年，极谏宋娥之专宠；齐世祖天祐（按：当作后主天统）初年，以陆令萱之蛊惑，卒至大乱。凡此三君，召尤启咎，皆由保妇。"

李忠毅诗

李仲达先生讳应昇，江阴人也，以进士官御史。忤魏珰就逮，过丹阳，有诗："已作冥鸿计，谁云是戮民？雷霆惊下土，风雨泣孤臣。忧患开贤圣，艰难累老亲！生还何敢望？解网颂汤仁。"又一首："圣德方虚己，愚衷敢沥丹？愧无一字补，空复数行弹！臣罪应难赦，君恩本自宽。凄凄杨柳色，谁与问南冠？"又《过邹县有感》："春申好士只虚名，势利随风古道轻。不见弹冠旧胶漆，驱车相避隔林行！"临死前一夕，一绝云："年来未敢负朝廷，一片丹心许独醒。只有亲恩无可报，生生愿诵《法华经》。"

南都蟒蛇仓

《推背图》有一大马之鬣上迸火光三五道，向不能解。南都拥立后，桐乡进士沈包庵云："此马士英立弘光兆也。"乃福建立唐藩，绝无豫谶，惟弘光初立时，浙中上台伪造一谶，云以安士民之心，且托言南京蟒蛇仓无风自倒，有碑八句云："甲申年来日月枯，十八孩儿闯帝都。困龙脱骨升天去，入塘群鼠暂欢呼。中兴圣主登南极，勤王侠士出三吴。二百十年丰瑞足，还逢古月照皇图。"甲申八月，予至南中，特往蟒蛇仓，见其屋宇如旧，讯之邻人，绝无此事，乃知作者之妄也。然惟此有唐祚不永之意，而结云"还逢古月"，则又奇矣，是岂无端民谣，暗合天意耶？

中　卷

人参饲犬羊

　　弘光中，朝天宫道士袁本盈进春方：用人参饲羊，羊饲犬，细切狗犬拌入草中喂驴，候驴交峻作时，割其势以啖至尊。御宫人，多以洪巨创死。后跻道士太常少卿，用黄盖、双棍。乙酉正月初六日，上传天财库召内监五十三人进宫演戏饮酒，上醉后淫死童女二人，抬出北安门。嗣后屡有之，曲中少女几尽。弘光元年，钱谦益选到淑女，著于十五日进元晖殿。贡院选七十人，中选元姓一人；田成浙选五人，中选王姓一人；周书办自献女一人，俱进皇城内。

大婚要紧

　　弘光初即位，陈、汪二贵人本淮扬娼妓也，为上所幸，诸臣劝退之，即复以国本为辞，下诏更选淑女。凡京城内外赴选者，皆在贡院内，题其额曰"关雎始化"。此甲申八月间事也。上意欲得殊色，而采选竟无一当。礼臣吴本泰等请求之江南数郡间，廷议以杭本汴京遗俗，部文有"容止端庄，语言清婉"之语，因下杭采选，太监田成选五人，为王、为吴、为陈、为二潘，亦姝丽也。此乙酉三月间事。乃四月廿六日，大清兵破扬州；廿九日，廷臣姚思孝、乔可聘等皆江都人，痛哭于上前，力争江上兵不可撤，累累数百言，上不应。阁臣马士英叱曰："惟有尔等台省员，专喜作迂阔语。"于是士英色逾厉。上问曰："尔等何为？"思孝等互奏不已，至于拳击士英。上付之不问，但大呼曰："大婚要紧。"遂辍朝。

童 氏

童氏，河南孟津人也。弘光帝初为郡王时娶妃黄氏，早逝，继妃李氏，洛阳之变又亡。嗣王之岁，即封童氏为妃，曾生一子，不育。已而遭乱播迁，各不相顾。及弃藩南奔，太妃与妃各依人活，童妃既转徙民间，与帝相失五载，虽怀妊在身，实非龙种。一日，有邻居秀才与氏兄争牛詈骂，兄遂大言曰："汝欺吾孤雏耶？吾妹即南朝天子后，今寓民间，不日入大内，汝族矣！"一时地方惊愕，报闻县令，转申抚按，抚按（按：当作"巡抚"）越其杰、巡按陈潜夫奏妃故在，上弗召。至是自乘传来，上弗善也。未几，金吾赵某驰报，即下礼部查覆候旨。俄上传："朕元配黄妃，续配李妃，安有童妃者？"次日，发府部会审，即用刑，下刑部狱中，给饮食。而临鞫时，氏抵死明吾腹中苍龙所据也。四月间，于狱中产一女，女即死，不数日，氏亦瘐毙狱中。先氏未发审时，留大金吾冯可宗家，两足尖而长，年可二十七八岁，细述入宫日月、相离情事甚悉，求可宗达上，上勿视。四月戊午，谕襄卫伯常应俊："朕藩邸时事宜，卿所素详。"童氏生育皇嗣，冯可宗辞审，著太监屈尚忠严审。时抚按均应得罪，越其杰以贵阳姻家，得不坐，逮陈潜夫于杭，以词连庶吉士吴尔壎及中军孙秀，并逮之。壎、秀俱在史可法军中，未赴京。童氏或云福邸宫人，一云缝人，与帝野合者。

冠盖杂沓

弘光与太后于甲申十二月廿六日进朝，次年正月初三日进慈宁宫，本静默寡言者。次日，浙党诸君忽传一说，流播京师云："太后昨进宫内大哭，问东林诸臣今在何处？"于时翻逆案、仍复《三朝要典》之说盈廷矣，盖欲为郑妃、福王复仇也。遂有平湖刘廷元、崇德吴尔壎子孙请谥请恤，以为功在社稷，一时冠盖杂沓其门。四月，御史袁洪勋请追究三案诸臣得罪孝宁太后、先庄妃者。

午日取蟾

乙酉四月廿九日，廷臣姚永言、乔可聘以不救广陵之围，力争武英殿中，举笏击贵阳云："腹心之患，何故坐视？"是时弘光默然无言，诸臣解去。至五月初五日午时，内监车天祥言北信急且危，帝复大怒，掷碗而起，殊不欲闻也。即午刻，敕民夫觅蟾二万只开剥，押收大内取酥。

竹筒套手

弘光帝被俘后，豫王仍令二贵妃同居。二妃者，帝寓淮时野合者也。日给醇酒二十斤、肴核二十品，以竹筒纳帝臂，二贵妃夹而饲之。然酒馔才至，辄为北骑掠去，仅空碗而已，每日计费五金。时张作楫为勋卿，司其职。

旗折马死

乙酉四月十一日，南京教场下操，马二掌团营，赵体元为大总戎，军容甚盛。乃将台帅字旗忽坠下，竿折，众皆失色。后隆武于闽中拜郑鸿逵为大将军，行授钺礼，鸿逵方跃马奋威，而马遽倒地死矣。

何光显

甲申十二月，太学生何光显上书乞诛马士英、刘孔昭，诏戮光显于市，籍其家。又云立枷死。呜呼，光显以布衣击大奸，与汉张凤、宋陈东争烈矣！

左 镇

左良玉，字昆山，其子左梦庚，字长白，榆林卫人。方弘光初建，藉诸将兵拥立，遂分封四镇于江北。在维扬者，为高杰，字英吾；在仪征者，为黄得功，字虎山；在淮安者，为刘泽清，字鹤洲；在寿州者，为刘良佐，字明辅。号称四镇，皆政府之爱将也。惟左良玉一军在江楚间堵御流寇，崇祯末，统帅数十万军，稍跋扈，而左氏父子初无不臣之心，颇敬礼贤士大夫。是时总督史可法、中丞袁继咸、御史黄澍皆与交好。弘光既立，贵阳柄政，挤可法于外，澍陛见时，又廷叱贵阳，于是贵阳颇知良玉与袁、史辈交契，而良玉与诸君意气亦弥厚。四镇附马，左镇附史，而水火之形成矣。

乃黄澍方以御史监良玉军，贵阳衔澍廷辱，次年乙酉春，大发缇骑入左营逮澍。澍方与梦庚同操练军士，梦庚仗剑斩逮使于将台之下，遂传檄播告，请诛君侧，欲取马士英、阮大铖、张孙振、袁弘勋四人首领。凡在外大僚，及内监何希孔，与马不协者悉与名焉。檄文书牌上，其大方圆三五尺，胪列罪恶，蔽江而下，不可胜数。兵至江州，适良玉病死，梦庚与澍率师至板子矶（即采石）对岸。四月初七日，朝臣出兵迎敌，以枢臣朱大典为先锋，本兵阮大铖视师调度，尽撤江北四镇兵，并力西向，堵扼上游。是时，阁部诸奸有"宁亡于大清，莫亡于左兵"之语。盖以清师所移者公家社稷，而左帅所取者则专及马、阮辈。然自此江北空虚，而大清兵乘势渡淮矣！大铖辈一望左兵舳舻千里，颇有惧色，小出一战，即溃败披靡，诸奸益奢焉。

是时，科臣吴适系丁丑进士，啮指上疏数百言，力言江北兵不可撤，宜移助史可法御清兵；左帅可一纸招降，倘得左镇投诚，使诸将并力北征，则国家大计庶可万全。因劾奏方国安、牟文绶移兵内地。是时，同官见疏者摇手相戒，以为疏上立得奇祸。适痛哭与妻子诀别，因拜疏。得旨，适为逆臣游说，即从朝班中打去冠带，逮入法司。而左檄中所取首级，独无蔡奕琛名。朝臣二人问琛在北时与左帅有交乎，琛对无。须臾，刘孔昭谓琛曰："政府疑君，君祸且不测，盍早自图焉？"琛遂进密揭，谓吴适即左帅使，请先靖辇毂之孽。于是廷议五月初七日戮适。不数日而北兵至，适竟得免。

讨马士英檄

略云：

马士英者，蛮獠无知，贪狠悖义，挟异人为奇货，私嫪毐以种奸，欺虾蟆之不闻，恣鹿马以任意。不难屠戮皇家，遂敢刑灭太子。效胡濙之名访邋遢，既不使之遁于荒郊；踵钱宁之即讯大千，又不容其毙于深宫。群小罗织，比燕啄而已深；中犴幽囚，视雀探而更惨。李沾威拷，何如崔季舒殴拳；王铎喝招，有甚朱友恭塞谤。岂先皇帝不足复遗种？既沉其弟，又灭其兄；将小朝廷自有一番人，既削其臣，又削其主。嗟乎！安金藏之不作，丙定侯之已亡。附会成群，谁敢曰吾君之子？回依苟免，咸称曰的系他人。临江之当乳虎，是可忍也；于舆之遇毒蟒，尚何言哉？某受恩故主，爵忝通侯，宁无食蕊之思，讵忘结草之报？愿同义士，共讨天仇。严虎豹之共驱，风云气愤；矢鹰鹯之必逐，日月光昭。郿坞丰盈，应有燃脐之祸；渐台高拥，难逃切舌之灾！

檄下，远近传播，京城噤口。

贵阳宵遁

清兵渡江报警，时贵阳柄政，每匿其事，虽同官政府，不得与闻。五月初十日，为太祖讳辰，清溪于侵晨肃冠带，欲从朝阳门出上陵。辰刻，城门尚闭，长班呼曰："守城公公，何故此时尚未启门？"一老内监回称："汝尚未知耶？清兵昨至龙潭，二更时，马二公子出兵，复遁回矣！"清溪错愕而返。是晚，贵阳门首拴马二百匹，每一骑用金杯作铃，驼珠宝无算。又草鞋马兵五百名，进仪凤凰驾，每名赏银三十两。

是时，贵阳密闻北兵声言，但擒马士英、弘光，余皆可赦，忧虑不知所出，因以弘光委黄得功军中，而身奉太后入浙。意谓得功一战而胜，则君臣犹可图存，倘或败衄，而北来者已得弘光，则追师稍缓，己可幸生也。乃于初十夜二鼓，先给弘光往太平幸得功营中，而身挟太后从广德、独松入杭州，其不欲弃太后者，以便承制假旨也。然每日犹给杭州人迎驾，而驾竟杳然不至，在杭诸大臣始议拥立潞藩监国矣。

先是，惟刘诚意伯稍知北信，以操江差早遁去，其余大臣如蔡奕琛、王铎辈，皆不闻也。十一日辰时，百姓喧传帝已出奔，入宫劫乘舆物如洗，时掌团营者为马四（按：当作二），团营总兵为赵体元，冠盖乘舆欲出城，百姓围阻，二人不得出，皆斩首鼓楼下。又进士中书陈镳亦欲出城，以王铎之甥，并遇害焉。士英至广德，居民素怨朝廷，闭门不纳，士英以兵攻之。州守赵景和，丁卯孝廉，杭州人也，竟凌迟死。

此不当耍

乙酉五月十一日，弘光闻大清兵至龙潭，五鼓，从宫避出。辰刻，民间入宫劫尽乘舆、服御诸物。忻城伯赵之龙砍杀川马如洗，示无撄城之意。十二日，清使自城上缒入，手捧大清年号龙包袱进内城。十三日，忻城伯遣近侍铁骑欲用炮破大内，盖急于除王之明也。十四日，清骑到紫金山扎营。十五日，豫王祭陵，行君臣礼。十六日，先拨二十骑同钱谦益阅城内事理。骑云："得毋有伏兵耶？"钱以扇扑之曰："此不当耍。"

永 王

北都之变，袁妃、长公主受上刃不死，寻复苏活。大清遣出宫，依老中书周元振家。元振之子遂娶公主，名断臂公主焉。乃永王久潜民间，甲申九月，出求见，妃、主相抱持大恸，周仆逐之，遂为街道所奏。明日，殿中勘之，言宫中事颇合，以讯内官，莫敢认者。有杨监在旁，皇子曰："此杨某，曾侍我。"杨即诈曰："奴婢姓张，先服侍者，非我也。"又呼旧侍卫锦衣卒十人讯之，咸言是永王。有晋王山西从闯来，因留京师，独言其伪。一内监言真，于是言真者皆下狱。刑曹钱凤览详讯，遂以真皇子报命，晋王遂抵览，览勃然，语侵晋王。复廷讯之，阁臣谢陛执以为伪。皇子曰："某日某事，先生忆之否？"陛默然，一揖退。凤览面叱陛不臣。正阳门商民数人具疏救永王，詈谢陛禽兽无道，具疏人亦下狱。乙酉正月十日，摄政王谓廷臣曰："皇子真伪无伤，但晋王系明朝宗室，谢陛系明朝大臣，凤览呼晋王，百姓骂谢陛，皆乱民也。"命系狱者尽杀之，并杀永王。一日，谢陛坐朝房，若有物击其背，疾呼一声，倒地呕血数升而死。

定　王

顺治八年冬月，有人出首三皇子在民间。擒至都，督府马国柱审鞫。皇子自书供云：

> 云庵系崇祯第三子，名慈焕，年二十岁，兄慈烺，即东宫，为周后所生；弟慈灿，田妃生。焕居景仁宫，乳母邓、蒋，八岁就外傅，讲读官傅、张。贼犯都时，先帝托余与近侍张某及指挥黄贵，

送周皇亲家，不纳。潜藏民间，为闯搜出，随营到山海关。闯败，携之潼关，又随营至荆襄，遇左良玉与战，闯败散，即随左营，改姓黄，为黄贵之叔，良玉不知也。左兵为黄得功所败，黄蜚掠左兵船，杀贵，张近侍不得已，以实告，蜚秘其事。明年五月，得功亡，蜚携走太湖，遇江西乐安王，蜚托之。王携往孝丰，遇瑞昌王，乐安往闽，以余托瑞昌转藏。九月，诣于潜乡宦余文渊家，假称宋座师（即瑝）公子。有湖广陈砥流时相亲密。砥流改名李玉台，算命浪迹，得太平府乡友夏名卿重义，即与名卿同至于潜，来接余往陈监生家。监生与文渊说知而别，余改姓孙，名卿以女字之。

四年十二月，文渊与知县不和，前事遂露，行文太平，查不获。五年正月朔，余削发为僧，号云庵，或称一鉴，或称起云；砥流忽张忽李，随口应人，浪迹江北各庵。砥流访知宁国秀才沈辰伯好义，六年七月，同余往访于船中。一老秀才吕飞六善诗文，辰伯即托飞六留家读书。八年闰二月，辞别沈、吕二人，与砥流复到夏家，三月完姻，因夏贫苦甚，自租乡村空屋一间居住，度日维艰。四月，与砥流寓议往芜湖，借银二十两买细茶，同徽客汪礼仙往苏州，卖与常州人杨秀甫，吴中虎丘相

识。茶卖毕，同到常州。秀甫言邹介之是好人，到
其家住几日。介之又言路迈是好人，即往谒路迈，
临行时，送吴中诗扇一，其母送银五钱。在路迈家
住几日，将回夏家，不意中私作假札贾利不遂，因
出首于抚院。差官先到宁国沈、吕二家，跟寻至芜
湖，即获砥流，余挺身出，随抚院差官起行。于途
遇江宁赵同知、当涂知县带到太平，随到江宁。

南京太子

烈皇帝三子：太子年十六岁，定王、永王俱十三
岁。甲申三月十九日昧旦，太子杂宫人走叩周奎府门。
阍者以奎卧不时起，不肯通，转匿内阉外舍。李自成
入京，大索得之。定王避民间，自成又索得。惟永王
无闻焉。乃太子初见自成，廷立不为礼，自成厉声诘责
曰："若父皇何在？"太子曰："崩于南宫矣。"自成
复曰："汝家何以失天下？"太子曰："我何知？百官
当知之。"自成不能屈，霁色曰："汝父在者，吾能尊
养之。"太子复曰："何不杀我？"自成曰："汝无
罪。"太子曰："若是，则速以礼葬我父皇、母后。百
官无义，且必朝贺矣！"自成命太子同坐饮食，太子不
食，送权将军刘宗敏营护视之。已而封太子为宋王，定
王为定安公。

　　自成东出，人见太子马衔尾随后，而定王先日随闯将出京。过通州，马上失一履，有人拾而进，王伸足受之，且问："军乎？民乎？"拾者以民对。太子曰："军则我食者，民则苦征徭，何德及汝？"其人泣，太子亦泣谢之。自成战败而还，携定王至潼关，独失太子。吴三桂护之奔军，三桂与太子亦相持而泣。当是时，桂既借师清廷，定约王清，不敢奉太子；顾匿之行间，恐清疑其贰己，并不利于太子；于是至榆河，阴逸之民间，使人导入皇姑寺。内监高起潜奔西山，太子自诣之，遂同至天津，浮海而南。

　　八月，抵维扬，潜居兴教寺。十一月丁酉，起潜入而陛见，有旨：冒险来归，忠义可嘉。因以太子事微白马士英，士英变色曰："太子真者，将何置？倘使上无夺门之忧，则功在社稷矣！"起潜知其意，还邸欲杀太子。其族鸿胪寺序班高梦箕义不可，偕高成、穆虎挟之渡江。后一日，士英使人追杀太子，则已南遁矣。渡江后，栖于苏，复栖于杭，旋入金华。太子不堪羁旅，渐露贵倨色，于元夕观灯火，愤叹多大言，路人窃怪之。梦箕惧事露，且疑起潜恫喝，非政府意，乃赴京密奏朝廷，并密启马士英，于是遣东宫旧侍李继周持御札迎之。

　　乙酉三月初一日，皇太子至自金华，从石城门入，送止兴善寺。上虽谕"太子果真，朕不难避位"，然内弗善也，即命内监韩赞周、车天祥等辨识。赞周等见太子，不觉抠衣跪。而前都人闻青宫至，踊跃趋谒，文武官投职名者，络绎满路。最后，督营卢九德至，礼倨。太子呼名呵之，卢遂叩头曰："奴无礼。"太子曰："汝来几时？体肥若此！可知在南乐也。"卢复叩头曰："小主自爱。"毂觫趋出，随戒营卒，围守寺门，再传旨，谕文武官不许私谒。中夜，移太子入大内。初三夜更余，板舆送太子中城狱。时太子已醉，狱中有胡床，睡其上。质明，以副兵马侍侧。太子问谁，以官对。太子曰："汝何以不去？"兵马曰："应侍左右。"又问："此何地？"曰："公所。"又问："纷纷来去者何人？"曰："道路人。"问："何故皆褴褛？"兵马未及答，太子曰："我知之。"兵马以一缗钱置几上，太子命撤去，兵马曰："倘有所市买耶？"太子颔之，令挂壁间，曰："汝自去。"顷之，校尉四人前，曰职隶奔走也。太子指壁间钱曰："持去取香烛来，余钱即赍若等。"香烛至，叩问南北向，再拜大恸，呼太祖高皇帝、皇考皇帝，复再叩首恸哭，因就座，饮泣不已。狱中人咸为出涕。

初五日，兵科戴英奏王之明假冒太子，请多官廷讯之。先是，杨维垣扬言于朝曰："驸马王昺从孙王之明假冒太子。"英袭其言入奏。初六日己丑，公鞫太子于大明门内，上先召中允刘正宗、李景濂入武英殿，曰：

"太子若真，将何容朕？卿等旧讲官，宜详辨之。"正宗曰："恐太子未能来此，臣当以事从穷之，使无遁辞。"上悦。

群臣先后至谳所，阁臣立朝门侧，府部大臣俱侍立，河南道张孙振主笔。太子年可十七八，覆云冠，绿绨袍，白纤缟袜，凤姿龙采，纤好白皙，截发类头陀，手爪似春葱，语言若振洞箫，见者疑为神仙，自非寻常佳公子所及也。太子坐短凳一条，南方北向。周遭列禁兵，备非常。士民观者以亿万计，有一持梃者，张孙振立斩以徇。一官置禁城图于前，孙振问之，太子曰："此北都宫殿也。"指承华门曰："此我所居。"指坤宁宫曰："此我母后所居。"一官问："公主今安在？"曰："不知，决死矣！"一官问："公主同宫女早叩周国舅门。"太子曰："叩国舅门者，我也。"刘正宗曰："我本讲官，汝识否？"太子怒，正宗瞠目不应。问以讲所，曰："文华殿。"问仿书，曰："诗也。"问写若干，曰："写竟。"正宗更历难以穷之，太子怒曰："吾不耐汝多言，汝以为伪，即伪可耳！"张孙振又问："人言汝是王驸马从孙，名王之明。"太子答云："认我明之王，不认王之明。"孙振又问云："汝既非真太子，何乃同穆虎入朝，震惊中外？"太子云："此间自有使迎我，我又不贪为帝王。"诸臣无可如何，仍以小舆送中城狱，候旨。

正宗遂奏伪太子面目全不似，所言讲所、仿书悉误。时内竖皆谓非妄，以东宫犊鼻以下异常形，足骭皆双，莫能诬也，特劫于上威，莫敢直言；兼以柄臣侈居定策，诸大僚迎合新朝，以先帝之死为利，莫肯言太子真者。初七日庚寅，有内官以密疏劝上，上令卢九德持至马士英邸第，士英疏答云："东宫厚质凝重，机辨百出，其言虽似，而可疑甚多，原讲官方拱乾在狱，容密谕来辨之。如伪，当付法司，与臣民共弃；如真，祈取入深宫，留养别院，不可分封于外，以启奸人之心。"

初八日辛卯，复会鞫太子于午门，时拱乾在刑部狱，张捷坐大司寇高倬家，以刺召拱乾至，谓曰："先生喜甚！借先生一言，证太子假者，先生罪得释，美官九迁。"拱乾唯唯。既诣门，百官大集，各役喝令太子跪，太子仍前西面蹲踞，众促拱乾前，拱乾大呼："妄男子，何物黎丘也？"太子一见，即云："主臣方先生。"拱乾惧，即退人后，语稍塞。张孙振曰："汝前已承王之明。"太子曰："我南来未尝自称太子，汝等昧心，亦由汝矣，但何故遽改姓名？"又曰："李继周持皇伯谕帖来召我，非我自来者；且汝等不尝立皇考之朝乎？何一旦蒙面至此？"众官窃有叹息泣下者。已而，王铎曰："我一人断之，太子既伪矣，伪太子安得多言，乃烦簿吏往复耶？"叱送还狱。应天府官蔡某自朝审出，人问云何，蔡云："即非真太子，亦是久谙宫府事者。"旁一官云："毋轻言，戮矣！"自后朝臣莫敢复称太子者。

戊戌，复会审太子于朝。左都御史李沾先令校尉戒太子云："李公主笔文深，动加峻法，须直称诈伪，并引某某等为党，得不穷治即讯。"太子默然。李沾呼："王之明！"太子曰："何不呼明之王？"沾呼动刑，即上挞。太子号呼"皇天上帝"，声彻内朝。马士英传催放挞，沾复好言问之。太子曰："汝令校尉嘱我，校尉能言之，何俟我言？又前者追我何处，追者自知，何必问我？"高倬见其言切，急令扶出。将出朝，旧东宫伴读邱致中捧持大恸，上闻，即下镇抚司讯致中。抚臣何腾蛟、袁继咸，镇臣刘良佐、左良玉、黄得功辈俱极言太子不可杀，朝廷惮之。

五月初十夜，弘光宵遁。十二日昧爽，京城父老擒王铎，至中城迎太子，先于狱中群笞王铎，须发俱尽。铎云："非干我，马士英所教也。"太子呴止之，命禁中城。父老遂从狱中拥太子上马，入西华门，至武英殿，又拥至西宫。太子未栉沐，取优伶翼善冠并袍服，于武英殿登座，群呼万岁。两日天气开朗，众皆悦服，各部寺署官行四拜礼，士民亦多朝见，封爵有差。大僚罕有至者，委以迎青宫为急云。又太子御膳，止红盒盛鸡黍，二内侍护膳。次日癸巳，太子传示，略曰：

先皇帝丕承大鼎，惟兹臣庶，祈进显列。何天不佑，惨罹奇祸！凡有血气，裂眦痛心。泣予小子，分宜殉国，思以君父大仇，不共戴天，皇祖基业，蓬葆匪易，忍垢匿避，图雪国耻。幸文武先生迎立今上，予惟先帝之哀，奔投南都，实欲哭陈大义，不意巨奸蔽障，致撄桎梏，予虽幽狱，缀心皇绪。今上闻兵远遁，失为民望，其如高皇帝之陵寝何？泣予小子，父老人民围抱出狱，拥入皇官，予自负重冤，敢望尊南面之日乎？谨此布告在京勋旧文武先生士庶人等，会此鞠凶，勿吝洪议，予当恭听，共抒王猷。勿以前日有不识予之嫌，惜尔经纶之教也。

甲午，太子令释王铎，仍以为大学士，又召方拱乾、高梦箕于狱，并为礼部侍郎、东阁大学士。三人以清师压境，俱不就职。是日，文武诸臣议及迎立太子，皆有难色，且曰："无论射钩之嫌，今上尚在黄将军营，不百里即复来，当奈何？"时赵之龙久与大清约降，之龙曰："即无论今上，倘款使北归，责吾属更立新主，其何辞以善后？"众皆然之，即散去，无奉太子者。太子敕书封中城狱神为主，差官奉敕前行，至狱中读敕，称崇祯十八年，兵马司素服迎之。监生徐瑜、刘生、萧生辈谒之龙，责其不共戴主，之龙立斩之，差官自北军回，之龙即入西宫，劝太子避位。

丙申，豫王至天坛，问太子何在，之龙以王之明对。豫王曰："逃难之人，自然改易姓名，若言姓朱，汝等早杀之矣！"朱国弼曰："太子未尝改姓名，马士英改之。"豫王笑曰："奸臣奸臣。"十五日，忻城等启豫王，将勇士数十骑驰马入宫取太子。有金守备者强力胁之上马，驰见豫王，王离席迎之，坐于己右东南隅，衣以金紫。十六日，豫王谕文武等官，明太子当予一县封，以主先朝之祀，旋以弘光所选淑女配之。九月初六，豫王还北，复命挟太子与俱。丙戌年四月初九日，有得蜡丸飞书告诸王同谋灭清者，同日，太子、弘光、潞王、秦王等九王俱被戮于市。鲁王监国，遥谥悼皇帝。

下　卷

高梦箕　穆虎　高成　李继周

刑部严讯穆虎、高成，五毒备至，誓死不承假冒。穆虎曰："我家主是忠臣，直言奏闻，一字非谬，我等何得畏死悖义？"法司气夺。高梦箕复上疏自明，并逮治之。己亥，锦衣卫冯可宗即讯高梦箕，梦箕列自北来历甚详，并无假冒欺隐。可宗曰："上意已定，此词如何入招？汝固忠义，今日且少依违。"梦箕不肯，爰书久不定，刑科钱增上疏促之，可宗请归刑部焉。先是，太子初到时，有二监伏地泣，上寻掠死。李继周迎至，白其果真，亦赐鸩死。时人为之谣曰："欲辨太子假，射人先射马。若要太子强，擒贼必擒王。"盖指马士英、王铎辈也。时有诗题皇城云："百神护跸贼中来，会见前星闭复开。海上扶苏原未死，狱中病已又奚猜？安危定自关宗社，忠义何曾列鼎台？烈烈大行何处遇，普天同向棘闱哀。"

辨太子

太子真伪易辨也。自古奸人欺诈之徒，皆欲妄希富贵，非北阙自陈，则草间上书，如汉之庚太子、唐之沈后是也。未有匿迹遐方，窜伏山谷，原不求显荣，而大内执柬召来，犹谓之诈也！且承旨往召者，旧东宫内侍李继周，一见可决，乃相随自浙至南，而入告之语绝以为真，故送之兴善寺，又移之大内，待伪者固如是乎？越夕，乃送之狱，而继周即赐之死，则君臣之间，必有不利于太子之真者。且太子初到时，百官何为群往投职名红帖？多兵杂沓，似为护持。李沾甫用掇，士英传催放掇，则口称其伪，心亦谅其真也。若云王之明，则袁继咸辨之已详。又云清使作间者，观豫王至南，优礼太子，无异贝勒入杭，优礼潞藩，既而携之北行，共饩王府，同日被诛，则亦非清所遣矣。

大悲和尚

甲申九月，大悲和尚自北来，自称皇兄，盖东藩宗人也，狂言受先帝命，已复王爵，又言先帝实未晏驾。初到，即于龙江关舟中大书符箓，又扬言即日大兵且到，吾所统伏兵现在各舟中，克日剿灭南京。闻者惶惑，报闻大内，守关官寺驱各舟尽赴观音门，是夜被逐者数千艘。勋臣刘孔昭巡江缚之，以付金吾冯可宗，奉旨下刑部。其舟中二人同来，一人以附舟得释，一人毙杖下。大司寇解学龙以事涉诞妄，不肯穷治，政府怒之，遂以它事逐之去。高司寇倬请旨同九卿科道会审，河南道张孙振主笔，坐大悲妖言律，乙酉三月，斩之。

初，大悲系狱，阮大铖等造飞书赫蹄，更立十八尊罗汉、五十三参名号，欲以陷尽清流。十八尊为内阁高弘图、大宗伯顾锡畴、都宪易应昌、司寇解学龙、冢宰徐石麒、中丞袁继咸等；五十三参为翰林徐沂、吴伟业、科道姚思孝、乔可聘等；又增五百尊应真，并孝廉诸生之有气节文望者悉加罗织。此案大铖主之，而日夜与谋者，刘孔昭、陆朗辈也。大铖密遣人赍姓名往狱说大悲："对簿时，引若属者，吾贷汝死。"大悲云："吾死耳，奈何累人？"竟索火烧之。大铖谋不遂，一时气夺焉，乃弃大悲于市。

初，浙党诸人自光帝钦定珰案，废锢垂十五年，至此死灰复燃，呼朋引类，腐心切齿，以图报复。而大狱垂成而不就者，则以贵阳与东林本无仇隙，虽失足比匪，而怨毒不深，且大悲誓死不从，事遂中寝。倘北兵稍缓岁余，参军主簿终能移公之喜怒者，而贵阳亦将不能自主，钩党之祸烈矣！

张孙振之居南京，有第宅八区，每宅充牣，即贵阳不及也。陆朗亦南京巨富。

高杰　许定国

乙酉正月初六日，高杰赴许定国饮。是夜，定国入寝杀杰，总督张缙彦、监军李昇走免。定国以其众降清。高杰妻邢氏求恤，允之，所部将士仍听邢氏子高元爵统属。

初，米脂贼李自成与清涧高杰同起兵。自成掠邢氏，嬖之。属杰护内营，因私邢氏，窃而奔降于总督孙传庭，为其先锋，遂登列将。当杰作贼时，曾劫定国村，杀其众，定国仅以身免。后定国与杰同官，秘不言，阳与杰好，许以睢州让之。杰信而不疑，遂赴其宴。定国衷甲于寝杀杰，剖腹以祭其先。

张捷　杨维垣

张捷、杨维垣见太子已立，王铎系狱，民间搜捕捷、垣等家，欲并执之。捷、垣自知不免。捷微行至鸡鸣寺，以佛幡带自缢死。垣促二姜死，身挈一仆夜遁至秣陵关，为怨家所杀。数日，仆复迹之，尸为犬食半。

酒色串戏

甲申十月，时上深拱禁中，惟渔幼女、饮火酒，杂伶官优人为乐。马士英当国，与刘孔昭比，浊乱国事，内则韩、卢、张、田，外则张、李、杨、阮，一唱群和。兼有东平、兴平，遥制朝权；抚宁、忻城，侵挠边事。烽警日逼，而主不知，小人乘时射利，识者以为寄生之国也。

乙酉五月初四丙戌，百官贺。上以鱼须之娱，不视朝。

诸君会意

乙酉五月十三日，红帖豫传中府会议。是日，中府狄房中及蔡奕琛、唐世济、朱国弼、赵之龙、钱谦益等。蔡袖中出十二款，内通城不许放炮等语。须臾，朱国弼蟒绣玉带，蔡素服，两人登中府台基，朱在前，蔡在后。应天诸生请战守之策，国弼宣言于众曰："弘光弃社稷人民而去，大义已绝，不足云皇帝矣！且京城兵饷无一可办。诸生更有何术？会意可也。"廿四日，迎豫王进城，教坊司置大鼓在洪武门外作乐，首骑蔡，次陆朗，俱绯衣进大内。

迎清出狩

乙酉五月，清师逼南都。戊子，集百官清议堂议，预坐者十六人：马士英、王铎、蔡奕琛、陈于鼎、张捷、陈盟、张有誉、钱谦益、李乔、李沾、唐世济、杨维垣、秦镛、张孙振、钱增、赵之龙，各蹑足偶语，百官集者甚众，皆密不得闻。临行，李乔、唐世济齐声相和曰："便降志辱身，亦无可如何！"有叩诸大僚者，皆言北信甚急，今者可幸无恙。盖多官耳语者，藉之龙纳款于清也。辛卯晨，传旨：淑女在经厂者放还母家。午后，唤梨园入大内演戏，帝与韩赞周、屈尚忠、田成等杂坐酣饮。二鼓后，上将二妃与内官多人跨马从通济门出，文武罕有知者，惟内官遗冠带印篆以百计。

己亥，清师既至，文武官暨坊保进牲醴、米面、熟食、菜果，络绎塞路，赵之龙唤伶优十五队讲营，歌舞酣悦。忽报各镇兵至，之龙跪呈豫王，王殊不为意，又阅戏五出方撤席，发兵三百，遣将即行。有顷，擒刘良佐至，良佐叩首，请以擒帝赎罪。豫王遣之，随檄兵三百同发。乙巳，良佐以帝至，暂止天界寺。

先是，帝幸太平府，刘孔昭闭城不纳，彷徨江浒。及奔板子矶，就黄得功营。功方出兵与左师战，闻之，即归营问帝，泣曰："陛下死守京城，臣等犹可藉大兵势举事；奈何听奸人之言轻出，进退将何所据？此陛下自误，非臣等误陛下也！且臣营寡弱，其何以处陛下？"居两日，良佐奉豫王命追至，且召得功，得功怒，不裹甲，单骑驰北营，与良佐语曰："汝为巾帼，吾丈夫也，安能效汝狗彘！"隔河骂之。良佐伏弩射中得功喉，得功叹曰："贼中吾要害，吾无能为矣！"归营拔剑自刭。良佐即入营，挟帝回南京。

丙午，帝乘无幔小舆入城，首蒙缁素帕，身衣蓝布袍，以油箄掩面，两妃乘驴随后。夹路百姓唾骂，有投瓦砾者。进南门易马，直至内守备府，见豫王叩头，王坐受之。命设酒于灵璧侯府，坐帝于太子下，赵之龙暨礼部八人侍宴，唤乐工二十八人歌唱饮酒。席次，豫王问帝曰："汝先帝自有子，汝不奉遗诏，擅自称，何为？"又曰："汝既擅立，不遣一兵讨贼，于义何居？"又曰："先帝遗体止有太子，脱难远来，汝既不让位，又辗转残毒之，何为？"帝俱不答。太子曰："皇伯手札来召我，反云我诈，又改姓名，极刑加我，岂奸人所为，或皇伯不知？"帝复不言。豫王又曰："我兵尚在扬州，汝何为便走？自主之耶，抑人教之耶？"帝答语支离，汗出沾背，终席俯首。席散，令囚于江宁县，与两妃同处。豫王又令旧臣往视之，帝嘻笑自若，但问"马士英奸臣何处"尔。九月，豫王执帝北行，与太子同日赐死，鲁藩监国，谥为赧皇帝。

芦沟桥

芦沟桥向无城郭，崇祯中，兵大起，廷议建城以备不虞。礼部奏请题额，东曰顺治，西曰永昌。不数年，闯贼西来，清兵东至，年号悉符，可怪也。

南京谕众

五月十三日，清兵入南都，未开洪武门，诸大臣虑有倡义梗命者，大书晓谕于通衢，并刊刻宣播远近。其文曰：

> 自辽金元以来，由朔漠入主中国者，虽以有道代无道，靡不弃好而构隙，问罪以称兵，曾有以讨贼兴师，以救援奋义，逐我中国不共天之贼，报我先帝不瞑目之仇，雪耻除凶，高出千古，如大清者乎？有肃清宫阙，修治山陵，安先帝地下之英魂，慰臣子域中之哀痛，如大清者乎？有护持累朝陵寝，修复十庙宗祧，优锡其诸藩，安戢其黎庶，擢用其遗臣，举行其旧政，恩深礼崇，义尽仁至，如大清者乎？权奸当国，大柄旁落，初遣魏公韩而不奉词，继遣陈洪范而不报命。然后兴师问罪，犹

且顿兵不进，纡回淮泗，以待一介之来。自古未有王师以仁以礼，雍容揖让，如大清者也。助信佐顺，天与人归，渡大江而风伯效灵，入金陵而天日开朗，千兵万马，寂然无声，儿童聚观，朝市不变，三代之师，于今复见！靖南覆没，谁为一旅之师？故主来归，弥崇三恪之礼。凡我藩镇督抚，谁非忠臣孝子？识天命之有归，知大事之已去，投诚归命，保全亿万生灵，此仁人志士之所当为，大丈夫可以自决也。幸三思而早图之。谓余不信，有如曒日。南京文武诸臣赵之龙、朱国弼、刘良佐、王铎、蔡奕琛、钱谦益、梁云构、李乔、朱之臣、李沾、唐世济、邹之麟等谨白。

南京殉节

南京殉难者：尚书高倬、何应瑞，部吏黄端伯，户部刘光弼，员外吴嘉允，舍人龚廷祥。豫王又命录京城内外殉节者，男妇共二十八人，并厚恤史可法家。

藩邸命名

唐藩讳聿键，鲁藩讳以海，皆从藩邸命名，其时犹神宗末年也。乃弘光之败，唐藩称帝于福建，鲁藩监国于海隅，跃龙之地，与命名适协，不亦异乎？

越中义师

乙酉，清兵自南都入浙，望风迎降，市不易肆，监国潞王亦自杭奉表。惟鲁世子以先帝被害，义不北面，逃之台州。清使以书招之，世子与吴太守及乡绅陈函辉共谋击杀来使，举义旗于台。然度清遣师问罪，旬日之间，孤军几于不足保。而是适薙发命下，浙西乡绅屠象美、李乔之及武弁陈梧等既倡义于嘉禾，又宁绍诸绅士同时并举，百姓揭竿响应，得众数万，扼西兴关上下，划江而守。于时，世子既保绍兴，沿江为外蔽，并用鼓勇以搜军食，而义军无主，诸绅士奉启迎世子调度军中。八月，自台至西兴，即鲁王位，称监国焉。丙戌，改称监国鲁元年，铸钱名大明通宝。

越营首尾

绍兴生员郑遵谦，字履功。其父本大僚，而雄于赀。谦平时慷慨好施与，交通轻侠，与许都辈亦阴相奔走。比薙发令下，遵谦兴义旗，卜得吉爻，曰："清风万里，封侯之卦也。"即日起兵。值清令彭万里祷雨从郡庙还，至清风街，遵谦曰："卜辞示我，急击勿失也。"于是遂杀万里，士民响应，得数千人。初称都统制，后受鲁藩及隆武爵，称大将军，封侯。丙戌夏，从鲁藩入海，数年，以疾终。

方遵谦倡义时，余姚乡绅熊汝霖、孙嘉绩，绍兴乡绅章正宸，宁波乡绅钱肃乐、沈宸荃、沈履祥，举人张煌言，武弁王之仁等多治兵相应。是时，方国安尚顿兵婺州城下，与婺绅朱大典搏战累月，朱墨守甚坚，国安气丧。而熊汝霖欲其私斗为公战，使杨生奉书两解之，且请国安兴连营。于是国安移师东下，临江酾酒，慷慨誓死，各分汛地；惟国安军容为盛，诸义旗推为盟主焉。乙酉十二月，袭取杭州五云山不得，戎旗从上两营全军覆没，国安之骁锐尽矣。丙戌五月，清师渡江，国安不能支，遁保黄岩。清先获马士英，使为书招国安，国安计穷，竟开门降，比至延平，贝勒戮之于市，同遇害者为方元科、方逢年、马士英、杨爱、孙至。而阮大铖先在金、衢间降清，清师携入闽，大铖忻然有复燃之望。比乘肩舆登仙霞绝顶，忽见太祖持大斧击之，大铖大叫，撞倒岭下，口涌涎沫，目瞪而死。

鲁妃　世子

武弁张国柱初于越中事监国鲁王，江东败，监国仓皇入海，与宫眷相失，国柱劫得妃及世子献之于清。鲁藩移驻舟山，复备宫嫔。辛卯九月，清师破舟山，鲁藩遁去，宫眷俱赴井溺死，无一人被辱者。朝臣如张鲸渊、李立斋诸先生，俱仗节死义，最称凛凛。

舟　山

舟山去定海关百里，其形如舟，故名焉。元朝建城其上，谓为瓮州城。隆武中，闽人黄斌卿字虎痴，封肃虏伯，尝据其地。鲁藩从西兴败走，舣舟其下，斌卿无人臣礼，不许登陆。未几，阮骏击之，遂灭。鲁藩遂立朝堂，称行在焉。辛卯九月，清兵破舟山，鲁藩遁至泉州厦门岛，依朱成功，去监国年号，奉永历焉。甲午九月，海师大举，阮骏辈复有之。丙申，清遣大将军又击破之。时议以岁粮三千石，而勤兵费辄钜万，是年决计弃之。男妇流徙散失，不可名状，宫阙、城郭、民居，悉皆焚毁，今惟兽蹄鸟迹矣！

皮岛舟山

《汉书》：柏人亭高祖夜遁。《唐书》：窦入牛口，建德致败。揆之近事，往往有之。吾乡毛将军文龙于天启间立边功于皮岛，一时位望显赫，乃疏请改皮为平，亦志在荡平，且嫌皮名不雅。然识者以为皮之不存，毛将焉附，毛帅其不长世乎？不二年，为袁督师崇焕所诛。

舟山其形如舟，舟得橹可以出险。鲁王驻其地，清兵两破之，鲁藩竟脱去。

越闽拥立

乙酉六月，越中既奉鲁藩为王，闽中亦奉唐藩称帝。两藩俱高帝之后，非成祖之孙。唐鲁两立时，彼此不谋，同时拥戴，非有逆命改制之事。特以分则唐叔、鲁侄，号[则]唐帝、鲁王，地则唐有八闽、云贵、东川，及割江、楚、徽、宁数郡，而鲁止浙之宁、绍、台、严、金、衢等府，不过九分半壁有其一。然以功论之，则鲁在唐上，不可泯也。唐拥数省之大，未尝恢剿一寸土；鲁以孤军扼定越江一带，为闽之外蔽。至监国辛苦视师，几于卧薪尝胆；诸将士枕戈待旦，颇多沐雨栉风。而闽人坐啸朝堂，曾未闻拊楚军之背，赐全军之貂，日欲得鲁君臣而甘心焉，此何说也？每见亡赖希旨之徒，面奏密封，率以时事可忧，不在清而在鲁。帝深中其说，辄加显官厚糈，与之图鲁，而清师付度外矣。

明年六月，鲁兵既溃，帝犹不以唇亡为忧，复下诏切责鲁王调度乖方，使速归藩服，不许海外弄兵，盖至此时，犹恐其一战而胜也。七月，清兵攻围婺州甚急，闽不能救，督臣朱大典阖室焚死。郑芝龙密献舆地于大清，清师抵仙霞，以长揖为号，两军从山下上下相望对揖，闽兵尽撤南行，清兵蹑之。是时行在犹纤毫不闻声息，盖郑氏故匿其报，欲令清骑奄至，帝可束手就缚。而先期一日，有告急于帝者，踉蹡挈曾后单骑从顺昌走汀州，文武都不能从。迨清师入延平，抵福州，九月，芝龙从海上薙发归顺焉。初，帝之立也，与汉光武相同者四：光武起于南阳，年四十，以乙酉岁六月即位，帝皆符之。至光武年号建武，帝年号隆武，且以黄道周为相，郑芝龙为将，东南喁喁想望中兴者，不一载而败亡，岂尽阳九之数耶？将毋谋国之未善耶？

仕越奉闽

越闽既各有所奉，仕越诸文武俱怀择木之智，闻闽称帝，幅员十倍于鲁，且在堂奥之内，不若鲁之逼清，而帝又伉爽好书史，于是诸仕越者往往弃越入闽，或在越江连章通闽，遥奉隆武年号，此即贤者不免。其时惟阁部张国维、吏部熊汝霖、翰林学士陈函辉一意奉鲁，终始不贰焉。又丙戌，仕鲁诸臣劝进鲁王即大宝位，王以涕泣自誓，固守藩服之节，其奉表闽中，则称天王叔父。

隆　武

　　隆武帝在唐邸时，阴有不臣之志。崇祯中，违制提兵入京，为楚抚臣所纠，奉旨永锢高墙。弘光御极赦出，请复王号，不许，流寓淮扬间。帝幼喜读书，博洽，赡于文辞，好大言，广交结。渡江，与闽中郑鸿逵友善。逵以世乱，视帝为奇货，挟入闽，闻浙不守，与其兄郑芝龙共拥立为帝。芝龙辈以中原云扰，荒外援立，可自擅富贵，若其不济，则弃帝而奉土地入臣，犹不失通侯之赏。此郑氏之私意，初不知有明社稷，及为中兴光复计也。乃以人望置黄道周首揆，道周忠侃有学识，屡劝帝出关恢剿，陛见者亦纷纷陈请。帝颇谙谙前代兴废，雅不欲坐老蛮乡，每云："福州岂朕梓宫也哉？"于是与郑氏意稍不合。而儒臣黄道周、何楷、金堡辈每言："太阿不可倒持，恢复大计譬之拯溺救焚，彼兵子者不足与谋。"于是道周请为前驱，奉旨督师出仙霞，开阃广信府，而行在亦移驻延平。郑氏议既不合，芝龙但坐镇福州不出，鸿逵乃从阙下亡命为僧，帝遣使慰留之。

　　帝披答章奏，引见百官，昼夜不暇给，语及神州陆沉，辄呜咽不自胜。然崇文貌，多忌少情，实不能得将士之心。周（按：似当作"鲁"）王拊循江上，调诸营，人皆挟纩，藉令得金陵一片地，则贤明仁恕，当不愧晋元帝一流。奈何蹩置江海之间，不得逞其辔耶？（鲁王戊午生。）只能自挹损，不能应一马化龙之谶，殊为可惜！

郑芝龙

　　郑芝龙，字飞龙，福建泉州人，父绍祖，于万历丁巳、戊午间充泉州府库史。是时泉州郡守蔡善继，辛丑进士也。府治后与库隔一街相望，芝龙年十岁，戏投石子，误中蔡公额，公怒，命伍伯擒治之。见其姿容秀丽，公曰：“汝当贵而封王。”因一笑释之。语其父曰：“此子非凡表也，趋令读书。”不数年，芝龙并其弟芝虎俱被海寇刘香老掠去，香老爱芝龙美，宠贵之。年十八，香老死，部下有十八寨，各自拥霸，欲推择一人为长，不能定，因共祷于天，贮米一斛，以剑插米中，使各当剑拜之，而剑跃动者，天所授也。芝龙再拜，剑出于地，众咸异之，推为魁首。从此部署诸寨，横行海上，势更大于香老，官兵莫能抗。闽中诸当途始议招抚，以蔡公尝有恩于芝龙，因从襄阳臬司量移蔡公泉州道，仍加方伯。蔡公至，果以书招芝龙，龙感恩，为约降。乃蔡公受降之日，坐戟门，令芝龙兄弟囚首自缚请命，芝龙素德蔡公，为之俯就，而芝虎一军皆哗，竟叛去。闽抚按臣以蔡公短于抚驭，切责之，必欲得芝虎，而蔡公无以自效，竟以忧卒，时崇祯十五年事也。芝龙降后，授总兵，且以海利致富敌国，交通诸贵人间，浸以大显。

山呼二庆

隆武帝虽多大言，然即位之初，犹有虑精之意，身服布素，勒百官俱用素服，衔上用"戴罪"二字，略同新亭洒泪，以示不敢安也。奈文武诸臣率沿两京旧习，牢不可破。丙戌夏六月，浙东师溃，清骑逼关门，而曾后适耀前星，阁部诸大臣遂讹传郑遵谦顿复杭省，山呼称二大庆，绝似表题。帝令百官去"戴罪"二字，复还彩服。不数日，清兵奄至，帝遁去，岂非误之者诸臣耶？

三途并杀

闽之邵武府，与江右建昌接壤，隆武初立时，知府吴某、推官朱健俱以清师掠建昌，一日数惊，踉跄避出。而江右固多宗室，自江入闽者尝目击其事，入言于帝。帝初即位，锐意恢复，尤重封疆，即擒吴、朱辈系狱。又浦城令施璩以贪闻，亦宗室言之，帝并逮治焉。

三人既丽法，不得已求援于郑氏，帝每欲行诛，郑氏辄力为营救。比庚辰，进士金堡陛见，劝帝刑宜自己出，且国家新造，尤戒旁落。帝遂断然斩之，而特授堡礼垣，使监郑遵谦军，旌直言也。然堡恐郑氏怨己，有阴贼之举，出关时，微服间行。而漳绅何楷者亦以忤郑，从舆中为人劓鼻，无异吴元济之于武元衡，亦云横矣！

又按，吴知府由贡生，施璐癸未进士，朱健江右孝廉，博物负经济，所著《治平略》行世，而同日被戮，论者惜之。时朝士更有"三途并杀"之谣。

睦古农

睦古农名本，云阳才士，父永明，为华亭广文，乙酉，尽节明伦堂。甲午二月，丹阳进士贺王盛被系，事连古农，其招词曰："父死于忠，子死于孝，一门千古，不愧名教。"令再招，则大书一"死"字。遂叉极刑而毙。贺进士寓东瓯时，亦与善，盖忠侃激懑之士也。

西　林

无锡东林书院，宋杨龟山先生所创，隆、万间，顾泾阳先生兴复之，淑人心以扶世教，盖濂洛正宗也。其时与东林为难者，则昆山顾天峻、宣城汤宾尹，皆小人也。此外，惟四明沈蛟门、清溪方中涵先后柄政，浙人附之，而浙党之名始，然无所谓西林者。隆武中，有旨加"西林"二字，可笑殊甚。

金陵七十三人

癸巳年，金陵获杨鲲，为滇黔谍使，事泄被执，供攀进士山东耿玄度（名章光）、湖广俞诞北（名鲲翔）、万允康（名曰吉），淮安朱蓼安（名日升），巢县叶无美（名士彦），举人金沙于公冶（名在镕），贡生周继序（名镞），生员金陵许水樵（名谏），其余不能悉载，共计七十二人。于是年十一月二十八日同戮秣陵，亦云最惨矣！乃吾浙缙绅二人，一为章格庵，名正宸，辛未进士；一为陶岸生，名履卓，癸未进士，亦在案中。章以行遁年久，无从逮系；陶亦隔省拘提，得以缓死。惟玄度卜居金陵有年，夫人姚氏、妾朱氏及赵仆夫妇俱投井死，一门著节焉。呜呼，诸君子以西归好音之怀，乖大雅明哲之义，报韩有心，著鞭无地矣！

海东逸史

［明］翁洲老民

孙 序

　　洪惟我高宗纯皇帝大公至正，度越百王；《御批通鉴辑览》不削福藩位号，于分注且备列唐、桂二王本末附于后，以为千古兴亡鉴。至若鲁王之延息海隅，则并不得列于小朝廷数，故载纪亦从其略。然而南日孤舟，结朱家残局；流离琐尾，犹之崖山一块肉也。其间忠臣义士，东浙为多，有如张、沈诸公始终抗节，势不能不行柴市之诛，我二祖列宗，未尝不谅其忠于所事；易名之典，光照汗青，凡以立万世臣极而寓教忠之至意也。于是明越遗献据所见闻，囊笔残山剩水间、撮录东荒碧血者，往往而有；若黎洲黄氏、谢山全氏，先后撰述尤夥。大抵碑传之文，而所见异词、所闻异词、所传闻又异词，容亦有未审者也。

　　自余与于《慈溪县志》之役之二年，昭文邹君文沅来摄县事，出其藏籍，得《海东逸史》，盖前此所未见也。为书凡十有八卷。首《监国纪》，则正名而犹与以帝系也；次《家人传》，传监国诸妃，用欧阳氏《五代史》例也；次《列传》、次《忠义》、次《遗民》，史体具焉。凡所叙述，大都身亲见之，文尤雅驯。其微者，或不经见于他纪，赖以存孤忠介节之姓氏；而其著者，亦足以参订南雷、鲒埼之书，洵可贵也。署曰"翁洲老民"，计非行遁故臣，则亦山林枯槁、有心浔灌者，而惜乎其不可考也。

理庵杨检讨，以词曹星使，告养家居，方勤于乡邦文献，尤重忠孝大节；亟钞得副本，属王君子祥及其次公绳孙孝廉校正而刻之。於乎！鳄波鲸岛，阴火终燔，猿鹤虫沙，久沦物化，而写本孤行，不归澌灭，卒表章于累洽重熙之代；自非大圣人量包天地、覆帱所存，久矣死灰残劫，无复留此蠹蚀余编，寄千秋感怆矣！

阏逢涒滩闰月甲辰朔
会稽孙德祖彦清谨序

目　录

卷一　监国纪上

　　王讳以海，太祖第十子荒王檀九世孙也。父肃王寿镛，以崇祯九年袭封，十二年薨。子以派嗣。十五年，北兵破兖州，自缢死。十七年二月，诏以王绍封。三月，京师陷，王避兵南下。五月，福王立于南京，命徙封江广，暂驻台州。乙酉五月，南京亡。逾月，潞王常淓监国于杭州，不数日出降。（按《小腆纪年》：诸臣请监国，不受。《明季南略》云：杭人拥戴之，大兵至，即开门率众降。〇是刻考异均注首见处，余不复。）闰六月九日（按《纪年》：东阳兵起在诸义旅后，此或当作十九日），原任兵部尚书、右佥都御史张国维自杭州来朝，请王监国。会故九江金事孙嘉绩、吏科给事中熊汝霖起兵余姚，刑部员外郎钱肃乐起兵宁波，苏松兵备金事沈宸荃起兵慈溪，并奉表至台，而会稽诸生郑遵谦亦起兵应之。既而定海总兵王之仁、翁洲参将黄斌卿、石浦游击张名振各以本镇兵来会，王遂赴绍兴。

　　七月十八日（《小腆纪年》作闰六月十八日），王至绍兴，行监国事，以分守公署为行在，祭告天地祖宗，以明年为监国元年。立元妃张氏，上故皇太子号曰悼皇帝，弘光帝曰赧皇帝，潞王曰潞闵王。

进张国维少傅，兼太子太傅、兵部尚书、武英殿大学士（按《小腆纪年》：时召直东阁，寻加是衔），以朱大典、宋之普（《南疆绎史》作之溥）为东阁大学士。国维督师江上，大典镇守金华，之普司票拟。

加孙嘉绩、熊汝霖、钱肃乐、沈宸荃皆督师右佥都御史，以郑遵谦为中军都督府左都督。

以章正宸为吏部尚书（原注：后绍兴陷，弃家为僧。《南疆绎史》云：起为户部左侍郎，行吏部事），李白春（《绎史》作占春）为户部尚书，王思任为礼部尚书，张文郁为工部尚书，陈函辉为礼部右侍郎（按《小腆纪年》：时擢少詹事，归，寻迁是职），陈潜夫为太仆寺少卿。起原任右庶子余煌为礼部右侍郎，不至。

封严州总兵方国安（按《小腆纪年》：国安，浙人，或云旧辅逢年子）镇东侯，定海总兵王之仁武宁侯（《南疆绎史》作"武宁伯"，十一月进封侯）。

群臣皆奉表劝进，王曰："孤之监国，原非得已，当俟展拜孝陵，徐议乐推未晚也。"

赐鄞县举人张煌言进士出身，授翰林院编修。（《小腆纪年》作八月事。）

以原任绍兴知府于颎为按察使，行巡抚事。

铸大明通宝钱。（《小腆纪年》作十二月事。）

大学士宋之普谢政，起旧辅方逢年为东阁大学士。

张国维连复富阳、于潜（《明季南略》以复富阳为七月事，《小腆纪年》以复于潜为八月事）诸县。

命仁武伯姚志卓（《小腆纪年》作倬）守分水。

八月，原任兵部尚书田仰从海道至，拜东阁大学士。

九月，加按察使于颖右佥都御史，督师。

十月初二日，北兵至，方国安严阵以待，张国维率队接应，裨将王国斌、赵天祥继之，连战十日。北兵败去。

以原任吏科都给事中林时对为太常寺卿，原任刑部主事庄元辰为吏科都给事中。

十一月，进方国安荆国公，王之仁宁国公，封郑遵谦义兴伯，寻进侯。

议分饷分地。

以编修张煌言为兵科给事中。

以太常寺卿林时对为都察院右佥都御史，吏科都给事中庄元辰为太常寺卿。

加右佥都御史孙嘉绩、熊汝霖并兵部右侍郎。

闽中遣给事中刘中藻颁诏至，大学士张国维、侍郎熊汝霖等拒之。（《小腆纪年》作十月事。）

王劳军江上，驻跸西兴，筑坛拜方国安为大将，命各营皆守节制。马士英、阮大铖（按《小腆纪年》：士英字瑶草，贵阳人，中万历丙辰会试，又三年成进士。大铖怀宁人，万历丙辰进士）窜入方国安营，请朝见，不许。

十二月，王回越城，以降臣故太仆卿谢三宾为礼部尚书，兼东阁大学士。

颁监国鲁元年《大统历》，职方主事黄宗羲所造也。

监国鲁元年丙戌正月己酉朔，王在绍兴。

遣原任天津参政柯夏卿（原注：号遁庵，黄岩人，进士）、太常少卿曹维才使闽中。

以原任右庶子余煌为兵部尚书。

加右佥都御史钱肃乐为兵部右侍郎。

二月，叛将张国柱掠余姚，其部曲张邦宁掠慈溪。

总兵陈梧败于檇李，自乍浦浮海至余姚，大掠，职方主事王正中方行县事，集民兵击杀之。

闽中遣佥都御史陆清源解饷十万给浙东，方国安纵兵攫之，拘清源不遣（《小腆纪年》云：字嗣白，平湖人，崇祯甲戌进士，为国安所杀。《胜朝殉节诸臣录》云：江防溃，投江死。国朝赐谥忠节），盖马、阮所构也。（《明季南略》及《纪年》并以为在钱塘江战后。）

三月十九日，毅宗大祥，户部主事（原作郎中。据第十八卷补传正）董守谕请王哭临，三军缟素一日，从之。

北兵决坝，放船入钱塘江。张国维严饬各营守汛。王之仁、郑遵谦率水师袭战，败之。（《小腆纪年》作是月朔日事。）

平海将军周鹤芝议乞师日本，黄斌卿止之。

四月，王正中率师渡海盐，破澉浦城。（《小腆纪年》作三月事。）

五月，兵部右侍郎钱肃乐弃军之舟山。

都督（《鄞县志》作总兵）陈谦奉使至闽中，为御史钱邦芑所劾，被杀。

加兵部右侍郎孙嘉绩、户部尚书（熊）汝霖兵部尚书，并兼东阁大学士。

尚宝寺卿朱大定，太仆寺卿陈潜夫，兵部主事黄宗羲、吴乃武、查继佐等会师渡海，扎潭山（《南疆绎史》作海坛山），以江上兵溃，乃还。

六月丙子朔，江上兵溃，方国安、马士英等欲劫王投降，遣人守之。会守者病，王得脱，乃由江门出海。令保定伯毛有伦扈元妃、世子自定海出海。（《明季南略》作五月二十八日事，《小腆纪年》作二十七日事。）大学士张国维，兵部尚书余煌，礼部右侍郎（《胜朝殉节诸臣录》作兵部左侍郎）陈函辉，通政使吴从鲁（《小腆纪年》云：字金堂，山阴人，万历丙辰进士，官通政司左参议），大理（原作太仆，据第五卷本传正）寺少卿陈潜夫，翰林院编修徐复仪（《纪年》以为唐藩遇害后死），江西道御史傅岩，兵部主事高岱、叶如檀（《纪年》作汝檀，一作汝蘅），原任山西佥事郑之尹，诸生傅日炯、赵景麟等皆死之。方逢年、谢三宾、宋之普、方国安及马士英、阮大铖等并降。

宁国公王之仁泛海至金陵，死之。北兵破金华，大学士朱大典阖门死之。

富平将军张名振弃石浦，以舟师扈王出海，投肃虏伯黄斌卿，斌卿不纳。

永胜伯郑彩至舟山，奉王入闽。

叛将张国柱攻舟山，为水营将阮进所败，劫元妃、世子去。（以上三节《小腆纪年》并系九月内。）

二十四日，大学士孙嘉绩卒。

八月十一日，建宁陷，金事倪懋熹死之。

二十七日，闽中陷，唐藩出奔汀州，为北兵所杀。（按《小腆纪年》：唐藩名聿键，小字长寿，太祖九世孙。二十一日自延平出奔，二十四日大兵取延平及天兴府，追杀于汀州之府堂，时二十八日也。）

九月，以兵科给事中张煌言为右金都御史。（按《小腆纪年》：以明年正月进是职。）

十月丁酉，王发舟山。

十一月丙寅，王次厦门（《南疆绎史》称中左所，亦名鹭门）。时郑芝龙（《小腆纪年》云：字飞皇，小字一官，福建南安县石井人）已降北，令彩执王以降，彩不从。芝龙之子成功亦不肯随父，复建义海上，而以厦门为营，然亦不欲奉王，改明年为隆武三年。于是郑彩改次长垣，改明年为监国二年。海上遂有二朔。

卷二　监国纪下

二年丁亥正月癸卯朔，王在长垣。

辛未，王袀牙出师，提督杨耿、总兵郑联皆以兵来会。进郑彩建国公，封张名振定西侯，杨耿同安伯，郑联定远伯，周瑞闽安伯，周鹤芝平夷（《小腆纪年》作彝）伯，阮进荡胡（《纪年》作湖）伯，阮骏英义伯。

以原任云南佥事林汝翥为兵部右侍郎。

周鹤芝复海口，以参议（《小腆纪年》作参谋）林籥舞、总兵赵牧守之。

进册贵嫔陈氏（《小腆纪年》作张氏）为元妃。

二月壬申朔，克海澄。明日，攻漳平（《南疆绎史》作漳州，按漳平属龙岩州，此疑讹）失利。又明日，北兵攻海澄，南师退入于海。

丙子，克漳浦，以闽人洪有文（《南疆绎史》云：饶州人。同安阮锡《夕阳寮稿》作有桢，字亮士，嘉禾里人）为令，五日复陷，有文死之。

郧西王常湆（《小腆纪年》作常潮，事在四月。常湆为贵溪王，明年二月，永宁寨破，死）复建宁，其裨将王祈（《南疆绎史》作祁）复邵武。

081

　　三月，兵部右侍郎林汝翥、吏部员外郎林垐合兵攻福清，不克，死之。（《小腆纪年》作十月事。）

　　四月，海口陷，参议林篟舞、总兵赵牧死之，周鹤芝退保火烧岙。

　　吴淞提督吴胜兆反正，命定西侯张名振率舟师赴之，以兵部（《小腆纪年》作户部）右侍郎沈廷扬、右佥都御史张煌言、给事中徐孚远、御史冯京第监其军。抵崇明，舟覆，名振等从间道脱归，廷扬被执，死之。

　　六月，攻漳州，失利。

　　王至琅江，钱肃乐来朝，拜兵部尚书。

　　以闽中原任太仆寺卿刘沂春为右副都御史，原任广东粮道（《小腆纪年》称副使，第十卷本传同）吴钟峦为通政使（按《纪年》：以十月召用），并以钱肃乐荐也。

　　七月，王亲征，会郑彩、周瑞、周鹤芝、阮进之师攻福州，败绩。

　　八月丙戌，克连江。（按《小腆纪年》：是日遣兵袭连江。）

　　以右佥都御史沈宸荃为兵部尚书。（按《小腆纪年》：以十月进是职。）

　　以闽中原任温州巡抚刘中藻为兵部尚书、武英殿（按《小腆纪年》：于是年正月授职，兼东阁）大学士。

　　十月，长乐、永福、闽清皆下，罗源知县朱丕承、宁德知县钱楷皆以城来降。（按《小腆纪年》：九月遣兵复罗源，又复连江，于是长乐、永福、闽清诸城皆下。）

以闽中原任户部侍郎林正亨为户部尚书，金都御史余飏为左都御史，御史林嵋为吏科给事中，礼部主事黄岳宾为吏部考功司郎中。

辛未，邓藩审理（《小腆纪年》作邓藩理，系人名）陈世亨以一旅复安固（按：瑞安县在晋时为安固县），援兵不继，复陷，被执，大骂而死。

遣大学士刘中藻攻福宁州，破之，镇将涂登华降。

以兵科给事中孙延龄为兵部右侍郎，大学士嘉绩子也。

三年戊子正月丁酉朔，王在闽安镇。

遣闽中原任东阁大学士朱继祚与同安伯杨耿攻兴化，克之。

以兵科给事中（《胜朝殉节诸臣录》止称给事中）陈士京为光禄寺卿，奉使粤中。

癸丑，郑彩杀大学士熊汝霖、义兴侯郑遵谦。兵科给事中陈希友、熊曰绘疏参郑彩逆恶大罪，为诸臣所劝，不果上。

二月，以兵部尚书钱肃乐兼东阁大学士。

北帅郭三才（《南疆绎史》作天才）来降，封为忠勤伯。

三月，兴化陷，吏科给事中林嵋、兴泉道汤芬死之。莆田陷，大学士朱继祚、知县都廷谏死之。永福陷，里居给事中邬（《胜朝殉节诸臣录》作鄢）正畿、御史林逢经死之。长乐陷，里居御史王恩及（《小腆纪年》作王恩）死之。建宁陷，守将王祈死之。王在闽中先后复三府一州二十七县，至是皆失，仅留宁德、福安二县。

六月初五日戊戌，大学士钱肃乐以忧卒。

十月，以工部尚书沈宸荃、右副都御史刘沂春兼东阁大学士。

四年己丑正月辛酉（《小腆纪年》作庚申）朔，王次沙埕。

监察御史黄宗羲自剡中至，拜为左佥都御史，寻进左副都御史。

三月，宁德陷。

黄斌卿遣其弟孝卿偕佥都御史冯京第乞师日本，不得要领而还。

四月，福安陷，大学士刘中藻及其部将董世南（《小腆纪年》作世上）等并死之，兵科给事中（原作翰林院简讨，据第六卷本传正）钱肃范被执，不屈见杀。

六月，定西侯张名振复健跳所。

七月壬戌，王次健跳所，遣使者拜山寨诸营官爵，授东山寨李长祥、四明寨王翊并都察院右佥都御史（按《小腆纪年》：时授翊河南道御史，十月来朝，擢是职）。

壬午，北兵围健跳，荡胡伯阮进追败之。封平西将军王朝先平西伯。

以右佥都御史冯京第为兵部右侍郎。

八月壬辰，世子生。

九月丁酉，张名振、阮进、王朝先共杀黄斌卿。

十月己巳（《小腆纪年》作乙巳。按《历法》，是月无己巳日），王移跸舟山，以参将府为行在。

大学士刘沂春还闽。以闽中原任户工二部尚书张肯堂为东阁大学士，吏部右侍郎朱永祐为左侍郎（按《小腆纪年》：时进工部尚书，仍兼吏部事，第十卷本传同），进户部侍郎孙延龄为户部尚书，以右佥都御史李长祥、张煌言并为兵部左侍郎（按《纪年》：煌言为右侍郎，第十三卷本传同）。

命兵部右侍郎冯京第、左副都御史黄宗羲乞师日本，不得要领而还（按《小腆纪年》：是年十一月乞师日本，以澄波将军阮美为使。不著京第、宗羲名）。

十二月，粤中遣使封郑成功为延平王，闽海始用永历年号。

左副都御史黄宗羲以母老乞归，许之。

五年庚寅正月乙卯朔，王在舟山。

三月，右佥都御史四明寨王翊来朝，拜兵部左侍郎（《小腆纪年》作右侍郎，第九卷本传同）。

八月，兵部左侍郎王翊帅师破新昌，拔虎山，进本部尚书（《小腆纪年》止称侍郎，未尝进尚书）。

九月，郑彩与郑成功争厦门，为成功所败，泊沙埕，张名振击破其余兵。（按《小腆纪年》：争厦门在八月，沙埕之破，在周瑞、周鹤芝分屯三盘后。）

以兵科给事中徐孚远为国子监祭酒（按《小腆纪年》：于己丑十月擢左金都御史，未尝转是职）。

周瑞、周鹤芝以楼船三百分屯温州之三盘，为舟山犄角。

十月辛巳朔，日有食之。

十一月，北兵攻杜岙，兵部右侍郎冯京第死之。（《小腆纪年》作九月事。）

六年辛卯正月己卯朔，王在舟山。

二月（《小腆纪年》作闰二月）乙卯，张名振杀王朝先，并其军。

以太仆寺少卿曹从龙为兵部右侍郎。

七月，北兵攻四明寨，兵部尚书王翊死之。（按《小腆纪年》：是月被执，八月至定海死之，第九卷本传同。）

北兵会攻行朝，定西侯张名振、英义伯阮骏扈王发舟山。

八月辛酉，北人试舟海口，为南师所败，获其楼船，馘十一人而纵之。

丙寅，大雾，北兵悉抵螺头门，守陴者方觉，荡胡伯阮进邀击大洋，风反师燔，进死之。

九月丙子，城陷，元妃陈氏投井死，贵嫔（《小腆纪年》称宫娥）张氏、义阳王妃杜氏从之。大学士张肯堂，礼部尚书吴钟峦，兵部尚书李向中，工部尚书（原作吏部侍郎，兹据第十卷本传正）朱永祐，通政司参议（《纪年》称通政使）郑遵俭，兵科给事中董志宁，兵部郎中朱养时，户部主事林瑛、江用楫（《纪年》瑛为吏部），礼部主事董玄，兵部主事李（《航海遗闻》作杨）开国、朱万年、顾珍，工部主事顾宗尧，工部所正戴仲明，礼部主事（原作中书舍人，《胜朝殉节诸臣录》同，兹据第十卷本传正）苏兆人，安洋将军刘世勋，左都督张名扬，锦衣卫指挥王朝相，内官监太监刘朝（《南疆绎史》作潮），定西侯参谋顾明楫，贡生娄文焕，诸生林世英、朱锡龄等并死之。北兵相谓曰："吾兵南下，所不易拔者，江阴、泾县，合舟山而三耳。"

七年壬辰正月癸酉朔，定西侯张名振、大学士沈宸荃、兵部右侍郎张煌言扈王至厦门。（按《小腆纪年》：在是月丁酉后。）

延平王郑成功朝见，行四拜礼（《小腆纪年》云：以宗人府府正礼见），赆千金，细缎百匹，供应其殷，从臣亦皆有赠，寻奉王居金门。

七月，大学士沈宸荃舣舟南日山，遭风没于海。

八年癸巳正月戊辰朔，王在金门。

三月，王自去监国号，奉表滇中。

九月，定西侯张名振帅师北上，以兵部右侍郎张煌言为监军，入长江，趋丹阳，掠丹徒，左次崇明，冬尽乃还。

甲午年，王在金门。（按《小腆纪年》：以是年正月居南澳。）

二月（《小腆纪年》作正月），定西侯张名振、监军张煌言帅师再入长江，掠瓜洲，侵仪真，抵燕子矶而还。

乙未年，王在金门。

十一月（《航海遗闻》作八月，《行朝录》《台湾外纪》并作五月），延平王郑成功遣英义伯阮骏、总制陈雪之（《小腆纪年》作陈六御）帅师围舟山，北将巴臣兴降（《纪年》云：原名臣功，时授铁骑镇）。

二十九日，定西侯张名振卒于军。

丙申年，王在金门。

八月二十六日，北师复取舟山，英义伯阮骏、总制陈雪之并赴海死（《小腆纪年》云：陈六御自刎死）。北人以舟山不可守，迫其民过海，溺死者无算，遂空其地。

丁酉年，王在南澳。

滇中遣使至，加张煌言左侍郎。（《小腆纪年》作明年正月事。）

戊戌年，王在南澳。

二月（《张忠烈公神道碑》作三月，《小腆纪年》作七月），延平王郑成功会师浙海，以兵部左侍郎张煌言为监军，北伐抵洋山（按：洋山当作羊山）。怪风猝至，义阳王溺死，乃还。

己亥年，王在南澳。

五月，延平王郑成功全师北指，监军张煌言以所部前驱入江，抵瓜洲，克其城。成功南攻镇江，亦克之，大江南北皆来降附。其已下者，四府三州二十四县。会前锋败，成功仓猝移帐，遂大溃，乘流出海，煌言亦从间道归天台（按《小腆纪年》：煌言徇江南北，下四府三州二十二县，会成功兵溃，八月归天台）。郑成功迁王于澎湖岛。（按《小腆纪年》：在滇中命王监国后。）

六月，王遣使祭光禄寺卿陈士京。

滇中遣使赍手敕，仍命王监国，加张煌言本部尚书，兼东阁大学士。（按《小腆纪年》：在天台后。）

庚子年，王在澎湖岛。

郑成功攻台湾，克之，红夷乞降，以大舶迁其国。成功遂王其地。（按《小腆纪年》：在明年十二月。）

辛丑年，王在澎湖岛。

四月，郑成功复奉王居金门。

壬寅年，王在金门。

二月十三日，滇中陷，桂藩为北将吴三桂（《小腆纪年》云：字长白，高邮人，辽东中后所籍）所杀。（按《纪年》：滇都以己亥正月陷，桂藩由榔以辛丑十二月被执，至是年四月绞死于云南。）

五月初八日，延平王郑成功卒，海上诸臣议复奉王监国。

十一月二十三日，王薨。

卷三　家人传

烈妃某氏

妃某氏，王为世子时所纳。崇祯十五年，北兵破兖州，兄鲁王以派自缢死。王被执，诡称鲁王牧儿，见北兵掠王邸，眦忽流泪，怪之。旁有人曰："此鲁藩之弟也。"北兵刃之，三击不中，骇曰："汝有大福，我不汝害。前有一少女子，甚丽，知是汝妻，犯之不从，死于墙下。汝其埋之。"王因得脱。绍兴监国，谥曰烈妃。

义妃周氏

元妃周氏，济宁人。王以崇祯十七年二月袭封鲁王，妃入宫已年余矣，遂进元妃。甫逾月而京师陷，王避兵南下，妃时卧病不起，王强之，妃泣曰："王速行，勿以妾故为王累。"王不忍，妃乃手碎瓷盘，勒喉而死。绍兴监国，谥曰义妃。（按《小腆纪年》：江上师溃，王命扈宫眷出海，张妃辞，碎瓷盘自刭死。宫嫔周氏出海后，张国柱劫之，亦自刎死。《鲁纪年》《海上见闻纪》并云张妃被劫，中途碎瓷盘自刎死。）

元妃张氏

元妃张氏，萧山人（《小腆纪年》云：会稽人）。乙酉七月，王至绍兴，行监国事，立为元妃。父国俊得封伯爵，内结阉臣客凤仪、李国辅（按《纪年》：国辅，司礼监，韩赞周养子也），外倚悍将方国安、王之仁，颇通贿擅事，诸臣相继进谏，王不听。侍郎钱肃乐特疏纠之，留中。国俊遂引降臣谢三宾直东阁以挤肃乐，肃乐遂去。明年六月，江上师溃，王由江门出海，令保定伯毛有伦扈宫眷自蛟关出，期会于舟山。适叛将张国柱来攻，为水营将阮进所败，国柱仅以身免，遂掳妃去，不知所终。

贞妃陈氏 贵嫔张氏 义阳王妃杜氏

元妃陈氏，鄞县人。丙戌春，入宫为宫人（《小腆纪年》云：次会稽张妃下）。张妃既为乱兵所掳，妃在副舟中，急令舟人鼓棹特前，追兵不及，伏荒岛数日，飘泊至舟山。王已入闽，彷徨无所归。尚书张肯堂遣人护之，得达长垣，王见之流涕，进册为元妃。在海上三年，生世子，黄斌卿伏诛，始复入舟山。

先是，张妃在会稽，其父国俊颇豫事，擅威福。妃叹曰："是何国家，是何勋戚，而尚欲尔尔乎？"至是，族亲有至者，悉遣之。

辛卯，北兵三道入海，王以蛟关未能猝渡，亲帅舟师捣吴淞，以牵其势，荡胡伯阮进居守败死，北兵直抵城下。安洋将军刘世勋议分兵先送宫眷出海，然后背城一战。妃传谕辞曰："将军意良厚，然蛎滩鲸背之间，惧为奸人所卖，则张妃之续也。愿得死此净土。"乃止。城陷，妃整冠服，北向拜谢，投井死。贵嫔张氏及义阳王妃杜氏从焉。锦衣指挥王朝相、内官监太监刘朝共舁巨石填井平之，即自刎其旁而死。至乙未年，英义伯阮骏再下舟山，得妃死状，表言于王，加谥贞妃。

卷四 列传一

张国维 子世凤

张国维，字玉笥，号止庵（《明季南略》云：字正庵，号玉笥），东阳人。天启二年进士，授番禺知县，历官至都察院右佥都御史、应天巡抚。崇祯十七年三月，以兵部尚书兼右佥都御史赴江南、浙江，督练兵输饷诸务，出都十日而都城陷。五月，福王立于南京，召为戎政尚书。寻叙山东讨贼功，加太子太保，荫一子锦衣佥事。吏部尚书徐石麒（《小腆纪年》云：字宝摩，嘉兴人，天启壬戌进士，乙酉嘉兴破，自经死，国朝赐谥忠懿）去位，众议归国维，马士英不用而用张捷（《纪年》云：捷，丹阳人，进士，南都陷，自缢死），国维乃乞省亲归。

乙酉五月，南都覆。六月，潞王监国于杭州，不数日出降。国维乃以闰六月朝鲁王于台州，请王监国，即日移驻绍兴，进国维少傅兼太子太傅、兵部尚书、武英殿大学士，赐尚方剑，督师江上。会严州总兵官方国安亦自金华至，马士英素善国安，匿其军中，请入朝，国维劾其十大罪，乃不敢入。连复富阳、于潜诸县，时兵

093

马云集，人治一军，不相统一，部曲骚然。国维上疏，谓刻期会战，则彼出此入，我有休番之逸，而攻坚捣虚，人无接应之暇，此为胜算。必联诸帅之心为一心，然后使人人之功罪，视为一人之功罪。于是树木城缘江要害，联络国安及王之仁、郑遵谦、熊汝霖、孙嘉绩、钱肃乐诸营，为持久计。（按《纪年》：至是赐尚方剑，总统诸军。）十月，北兵至，国安严阵以待，国维率王国斌、赵天祥以步兵接应，连战十日。前锋钟鼎新用火攻，首击杀绯衣大将一，诸将李（《南疆绎史》《鲒埼亭集》并作吕）宗忠等各斩数十级，俞国荣等直抵张湾，取其军械而归。北兵大败。

是冬，闽中遣给事中刘中藻颁诏至，诸求富贵者争欲应之。王下令返台，士民惶惶。国维乃驰至绍，上疏唐王曰："今日之事，凡为高皇帝子孙，皆当同心并力，共复国仇。成功之后，入关者王。监国退守藩服，礼制昭然。若以伦序，叔侄定分，在今日原未假易。且浙东人心涣散，鸠集为劳，一旦南拜正朔，则江上诸将皆须听命，猝然有变，监国之号令不行，唇亡齿寒，悔莫可追。臣老矣，岂敢朝秦暮楚，有所左右于其间哉？"疏出，议始定。然闽浙自是成水火矣。

明年五月，诸军乏饷，师溃。六月朔日，北兵至，王走台州航海，国维亦还守东阳。及义乌破，众劝国维入山图后举。国维曰："误天下者，文山、叠山也，一死而已！"二十八日，北兵至七里寺，国维遂具衣冠南向再拜曰："臣力竭矣！"赋诗三章（按《纪年》载首章《自述》云："艰难百战戴吾君，拒敌辞唐气励云。时去仍为朱氏鬼，精灵长傍孝陵坟。"次章《念母》云："一瞑纤尘不挂胸，惟哀鞠母暮途穷。仁人锡类能无意，存殁衔恩结草同。"三章《训子》云："夙训诗书暂鼓钲，而今绝口莫谈兵。苍苍若肯施存恤，秉末全身答所生。"），赴园池死，年五十二。（国朝赐谥忠敏。）

子世凤，官平敌将军，后以吴易（《南略》云：字日生，号朔清，吴江人，崇祯丁丑进士。《纪年》云：癸未进士。乙酉六月起兵长白荡，历官至兵部尚书，封长兴伯，殉节死。国朝赐谥愍）事连，亦死难。

朱大典 子万化 孙珏 吴邦璠

朱大典，字延之，号未孩，金华人。家世贫贱，大典始读书，为人豪迈，举万历四十四年进士，历官至兵部左侍郎、总督江北诸军（《小腆纪年》云：官佥都御史、总督漕运，兼巡抚庐、凤、淮、扬四郡。以许都事被逮，会国变止。福王立，起是职，寻进尚书）。以许都（《纪年》云：东阳人，诸生。知县桐城姚孙棐激乱，号白头兵）事有连，逮治。京师陷，福王立，有白其诬者，乃以原官召用。逾月，进尚书，督上江诸务。南都陷，走杭州，会潞王亦降，乃还乡郡，据城固守。唐王闻，就加东阁大学士，督师浙东。鲁王起事，大典亦遣其孙珏上表劝进。王既监国，以军来赴，授官亦如之，命仍镇金华。会我朝遣招抚使至，大典烹之。绍兴既破，次及金华，大典率兵拒守，月余不下。城既陷，阖门纵火自焚死。

大典本与马士英、阮大铖善，南都亡，大铖出走，由太平趋浙东，投大典于金华。大典方举义，留与共治军，士英不可，檄逐之，大典乃送大铖于方国安军。士英，国安同乡也，先在其军中，于是两人掀髯抵掌，日夕谈兵，国安甚喜。及北兵至，士英、大铖、国安皆降，而大典独殉节，部将吴邦璿从死。子万化，巷战被执，亦不屈死。孙珏，少年能文，有经济才，亦死于浦城。

庄元辰

庄元辰，字起贞，号顽庵，鄞县人。崇祯十年进士，授南京太常博士。甲申之变，一日七至中枢史可法（国朝赐谥忠正）之门，促以勤王。福王立，议选科臣，刘宗周（《小腆纪年》云：字启东，号念台，山阴人，学者称蕺山先生，万历辛丑进士，官左都御史。杭州失守，绝粒死，国朝赐谥忠介）、章正宸等并首举元辰。马士英恶之，以中旨授刑部主事，已见士英日横，遂告归。

乙酉闰六月，钱肃乐等举兵，元辰破家输饷。肃乐等西行，推元辰任城守事。鲁王监国，擢吏科都给事中，寻迁太常寺少卿，进正卿，仍兼吏科如故。

元辰疏言："陛下大仇未雪，举兵以来，将士宣劳于外，炎威寒冻，栉风沐雨，编氓殚藏于内，敲骨吸髓。重以昔年秋潦，今兹亢旱，卧薪尝胆之不遑，而数月以来，颇安逸乐，釜鱼幕燕，抚事增忧，则晏安何可怀也？敌在门庭，朝不及夕，有深宫养优之心，安得有前席借箸之事，则蒙蔽何可滋也？天下安危，托命将相，今左右之人，颇能内承色笑，则事权何可移也？五等崇封，有如探囊，有为昔时佐命元臣所不能得者，则恩赏何可滥也？陛下试念两都之毁，禾黍麦秀之悲，则居处必不安；试念孝陵、长陵，铜驼荆棘之惨，则对越必不安；试念青宫、二王之辱，则抚王子何以为情？试念江干将士、列邦生民之惨，则衣食可以俱废。"

疏入，优诏报闻。又言："中旨用人，乃赧王之秕政，臣叨居科长，断不能随声奉诏。"上不能用，而马士英又至。元辰言士英不斩，国事必不可为，遂三疏请归。归逾月而绍兴破，狂走诸山中，朝夕野哭，疽发于背而卒（原注：元辰举乡试出汪伟门，会试出马世奇门，论者以为针芥之合云）。

王思任

　　王思任，字季重，号遂东，山阴人。万历二十三年进士，历知兴平、当涂、青浦三县，袁州推官，所至皆被镌级。稍迁刑、工二部主事，出为九江佥事，罢归。乙酉五月，南都陷，福王走芜湖，马士英拥兵奉太妃入浙。思任犹未知福王被擒也，乃上疏太妃，请斩士英。（按《小腆纪年》：思任疏云："战斗之气，发于忠愤，忠愤之心，发于廉耻。事至今日，人人无耻，在在不愤矣！主上宽仁有余，而刚断不足。士英公窃太阿，肆无忌惮，窥上之微，而有以中之。上嗜饮，则进醲酴；上悦色，则献淫妖；上喜音，则贡优鲍；上好玩，则奉古董。巧卸疆场之事于史可法，而又心忌其成功。招集无赖，卖官鬻爵，门下狐狗，服锦横行。朝廷笃信之，以至于斯也。今事急矣，政事阁臣可以走乎？兵部尚书可以逃乎？不战不守，而身拥重兵，口称护太后之驾，则圣驾不当扈耶？及今犹可呼号泣召之际，太后宜速趣上照临出政，断绝酒色，卧薪尝胆，立斩士英之头，传示各省，以为误国欺君之戒。仍下哀痛之诏，以昭悔悟，则人心士气，犹可复振也。"复致书士英曰："阁下文采风流，才情义侠，某素钦慕。即当国破众疑之际，援立今上，以定时局，以为古之郭汾阳、今之于少保也。然而气骄腹满，政本自由，不讲战守之事，只知贪黩之谋。酒色逢君，门墙固党，以致人心解体，士气不扬。叛兵至，则束手无策；强敌来，则先期已走；致令乘舆播迁，社稷丘墟。阁下谋国至此，即嗛长三尺，亦何以自解？莫若明水一盂，自刭以谢天下，则忠愤气节之士，尚尔相谅无他。若但求全首领，亦当立解枢机，授之才能清正大臣，以召英雄豪杰，呼号惕厉，犹可冀望中兴。如或逍遥湖上，潦倒烟霞，仍贾似道之故辙，千古笑齿，已经冷绝。再不然，如伯嚭渡江，吾越乃报仇雪耻之国，非藏垢纳污之区也。某当先赴胥涛，乞素车白马以拒阁下，上干洪怒，死不赎辜。阁下以国法处之，则束身以候缇骑，私法处之，则引领以待钼镬。"士英愧愤，不能答也。）王既监国，起拜礼部尚书，年七十余矣。明年六月，绍兴破，踉跄避兵，入云门山，痛哭而卒。（《纪年》云：城破不食死。《南疆绎史》云：思任已病，避至秦望山丙舍以死。）

卷五 列传二

余 煌

余煌，字武贞，号公逊，会稽人。天启五年进士第一，历官至右庶子，乞假归，遂丁外艰，服除，久不起。鲁王监国，起礼部右侍郎，再起户部尚书，皆不就。明年，以武将横甚，拜煌兵部尚书，始受命。时内阁田仰与义兴伯郑遵谦争饷，两军格斗，喋血禁廷，煌至，叱之始去。乃申严军纪，将士稍戢。诸臣竞营高爵，请乞无厌。煌上言："今国势愈危，朝政愈纷，尺土未复，战守无资。诸臣请祭，则当思先帝丞尝未备；请葬，则当思先帝山陵未营；请封，则当思先帝宗庙未享；请荫，则当思先帝子孙未保；请谥，则当思先帝光烈未昭。"时以为名言。江干师溃，王航海遁，众有议据城抗守者，煌以徒害民生不可。遂大张朱示，放兵民出走毕，赋绝命诗一章（按《小腆纪年》载其词云："骕骦自驰，老驹忍逝。止水汨罗，以了吾事。有愧文山，不入柴市。"），自沉渡东桥下。舟人拯起之，乃叹曰："忠臣不易做也！"居二日，复投深处，乃死（国朝赐谥忠节）。

陈函辉

陈函辉，字木叔，号寒山，临海人。崇祯七年进士，授靖江知县。为人不拘小节，好交游，日事诗酒，为御史左光先（《纪年》云：光斗弟，崇祯末巡按浙江，平许都乱）劾罢。京师陷，恸哭刑牲，誓众倡义。（《纪年》：其檄文云："呜呼！故老有未经之变，禾黍伤心；普天同不共之仇，戈矛指发。壮士白衣冠，易水精通虹日；相君素车马，钱塘怒激江涛。呜呼！三月望后之报，此后盘古而蚀日月者也。昔我太祖高皇帝，手挽三辰之轴，一扫腥膻，身钟二曜之英，双驱诚、谅。历年二百八纪，何人不沐皇恩？传世一十五朝，寰海尽行统历。迨我皇上御宇，十有七年于兹矣。始政诛珰，独励震霆作鼓；频年御敌，咸持宵旰为衣。九边寒暑，几警呼庚呼癸之嗟；万姓啼号，时切己溺己饥之痛。虽举朝肉食之多鄙，而人辰极之未忏。遭至覆瓯，有何失序？呜呼！即尔纷然造逆之辈，畴无累世休养之恩？乃者焰逼神京，九庙不获安其主；腥流宫寝，先帝不得正其终。罪极海山，贯知已满；惨深天地，誓岂共生？呜呼！谁秉国成，讵无封事？门户膏肓，河北贼置之不问；藩篱破坏，大将军竟若罔闻。开门纳叛，皆观军容使者之流；卖主投降，尽弘文馆学士之辈。乞归便云有耻，徒死即系忠臣。此则劫运真遭阳九百六之交，而凡民并值柱折维裂之会矣。安禄山以番将代汉将，帐中猪早抽刀；李希烈自汴州奔蔡州，丸内鸩先进毒。凤既斩于京口，剖尸之戮安逃？景亦毙于舟中，跛足之凶终尽。无强不折，有逆必诛。又况汉德犹存，周历未过。赤眉、铜马，适开光武之中兴，夷羿、逢蒙，难免少康之并戮。臣子心存报主，春秋义大复仇。业赖社稷之灵，九人已推重耳；诚愤汉贼之并，六军必出祁山。呜呼！迁迹金人，亦下铜盘之泪；随班舞马，犹嘶玉陛之魂。矧具鬓眉，且叨簪绂。身家非吾有，总属君恩；寝食岂能安？务伸国耻。握拳透爪，气吞一路鼓鼙；啮齿穿断，声断五更鼓角。共洒申包胥之泪，誓焚百里奚之舟。所幸泽、纲张翼宋之旗，协恭在位；愿如恂、禹挟兴汉之钺，磨厉以须。二三子何患无君？金陵咸尊正朔；千百国不期大会，江左赖有夷吾。莫非王土，莫非王臣，吾请敌王所忾；岂曰同袍，岂曰同泽，咸歌与子同仇。聚神州赤县之心，直穷巢穴，抒孝子忠臣之愤，歼厥渠魁。班马叶乎北风，旗常纪于南极。以赤手而挟神鼎，事在人为；即白衣而效前筹，君不我负。一洗欃枪晦蚀，日月重光；再开带砺山河，朝廷不小。海内共扶正气，神明鉴此血诚。谨檄。"）会福王立，不许草泽勤王，乃止。寻起职方主事，监军江北。南都陷，归，与孙嘉绩、熊汝霖、钱肃乐等会师江干。时鲁王在台州，函辉走谒王曰："国统再绝矣，王亦高皇帝子孙也，报仇继统，于是乎在，王盍图之？"王谢曰："国家祸乱相仍，区区江南且不能保，尚何冀乎？"函辉曰："不然，浙东沃野千里，南倚瓯闽，北据三江，环以大海，士民忠义，此勾践所以擒吴称霸也。”会兵部尚书张国维起兵东阳，来迎王，函辉乃侍王至绍兴。王既监国，擢为礼部右侍郎，进礼、兵二部尚书（按《小腆纪年》止称侍郎，未尝进尚书，《监国纪》同）。明年六月，绍兴陷。从王航海。已而相失，哭入云峰山，作绝命词数章（《纪年》云：作六言绝句十章。其一云：“生为大明之人，死作大明之鬼。笑指白云深处，萧然一无所累。”其二云：“子房始终为韩，木叔始终为鲁。赤松千古成名，黄檗存心独苦。”其三云：“父母恩无可报，妻儿面不能亲。落日樵夫河上，应怜故国忠臣。”其四云：“臣年五十有七，回头万事已毕。徒惭赤手擎天，惟见白虹贯日。”其五云：“去夏六月廿七，今夏六月初八。但严心内春秋，莫问人间花甲。”其六阙。其七云：“手著遗文千卷，尚传副本名山。正学焚书亦出，所南《心史》难删。”其八云：“慧业降生人文，此去不留只字。惟将子孝臣忠，贻与世间同志。”其九云：“敬发徐陵五愿，世作高僧法眷。魂游寰海名山，身列兜率内院。”其十云：“今日为方正学，前身是寒山子。徒死尚多抱惭，请与同人证此。”又自作祭文及《埋骨记》，皆不可考），投水死（《胜朝殉节诸臣录》：一云自经死。国朝赐谥忠节），年五十七。

陈潜夫 妻孟氏　妾孟氏

陈潜夫，字玄倩，号退庵，钱塘人（《南疆绎史》云：仁和人。崇祯丙子《同年录》云：仁和人，原籍山阴。《越殉义录》云：会稽人，籍钱塘）。崇祯丙子举人，十六年，授开封推官，抗疏言时事，请召对，不报。闻京师陷，缟素誓师，邀击贼于柳园，大破之。福王立，擢监军御史，巡按河南，所规划皆尽善，而马士英不用。先是，有童氏者，自言福王继妃，广昌伯刘良佐（《小腆纪年》云：字明辅，大同左卫人）具礼送之，潜夫至寿州，见车马驰从，传呼王后来，亦称臣朝谒。及童氏入都，王以为假冒，下之狱，遂责潜夫私谒妖妇，逮下狱治之（《绍兴府志》云：给事中林有本劾御史彭遇颽，并及潜夫，马士英独令议潜夫罪，逮下狱治之）。未几，南都不守，得脱归。闻鲁王监国绍兴，渡江往谒，命复故官，加太仆寺少卿，监江上军。乃自募得三百人，与孙、熊诸家列营江上，寻进大理寺少卿，兼御史如故。潜夫以家财饷军，久之财竭，支四百金于饷臣，不得。右副都钱肃乐言潜夫破家为国，今听其军之饿死而不恤，何以鼓各营？因为潜夫请饷。王是其言，而方、王终不发也。丙戌五月，江上师溃，王航海去，潜夫作绝笔诗，走至山阴，抵小赭村，谓其妻孟氏曰："勉之，吾为忠臣，尔为烈妇。"孟氏曰："此吾心也。"与其女弟栉发更服以待。女弟者，潜夫妾也（《绍兴府志》云：孟桓初二女并妻潜夫，同日合卺，非妾也）。潜夫乃整衣冠拜祖父像，已复拜其母，别其弟，携妻妾至化龙桥投水死（《绍兴府志》云：潜夫先推二妻入水，为具棺殓，然后赋诗跃水死，并欲拉二子同死，以继母不许免），年三十七。（国朝赐谥忠节。）

朱继祚

朱继祚，字胤冈，莆田人。万历四十七年进士，由庶吉士历官至南京礼部尚书（按《小腆纪年》：崇祯初，官礼部右侍郎），以人言罢去。福王时起故官，未赴而南都陷。唐王召为东阁大学士，从至汀州，王被擒，继祚奔还其乡，举兵应鲁王。戊子正月，与同安伯杨耿攻取兴化城，时北之分守道彭遇飐（《纪年》云：崇祯癸未进士，时为监司守城），故弘光时御史也，令其守将出战，而己登埤，树大明旗帜于城。守将不敢入，遂克之。三月，北兵至，城复破，继祚被执，羁之狱中，赋绝命词数章，自缢死（国朝赐谥忠节）。将死，自书祠堂对联云："臣罪当诛，生奚补，死奚迟，故国旧君安在？　帝临有赫，身可灰，家可烬，周顽殷义若何？"

刘中藻_{董世南}

刘中藻，字荐叔，福安人。崇祯十三年进士，官行人。贼陷京师，剃发，被掳掠，贼败南还。唐王时，官兵科给事中，奉命颁诏浙东，为张国维、熊汝霖等所拒，废然而返。至金华，朱大典荐之，召对称旨，擢右佥都御史，巡抚金、衢，取苎獠、菁獠诸种人练之为卒，时称能军。闽中陷，鲁王召拜兵部尚书，寻兼武英殿大学士。中藻善抚循，激劝富人，使出财佐军，士卒并乐为用，其兵最盛。郑彩专主闽事，心弗善也，中藻亦不相下，由此有隙。王使大学士沈宸荃解之，彩不听。丁亥十月，中藻率兵攻取福宁州，守之，与周鹤芝相掎角，久之，移驻福安，郑彩遂掠其地。北兵乘之来攻，中藻善守，所杀伤数千人。己丑三月，北兵乃循城十里，掘濠树栅以困之（按《小腆纪年》：福安自前年十月被围，至是年四月城陷，凡七阅月），中藻不能出战，食尽，冠带坐堂上，为文自祭，吞金屑而死（国朝赐谥烈愍）。部将董世南等同死者数百人。（《纪年》载中藻子思沛，诸生，闻父死，曰："父死节，子可不继先志乎？"亦死。）

卷六　列传三

钱肃乐 董光远

钱肃乐，字希声，一字虞孙，号止亭，鄞县人，临江知府若赓孙，宁国知府敬忠兄子也。崇祯十年进士，授太仓知州，迁刑部员外郎，连丁内艰。乙酉五月，南京失守。六月，杭州继陷。闰六月，宁波乡官议纳款，肃乐建议起兵，诸生董志宁、华夏等遮拜，肃乐大呼倡首，士民集者数万人，肃乐乃建牙行事。郡中监司守令皆逃，惟一同知（按《小腆纪年》：同知为朱之葵）治府事，已赍图籍迎降，闻兵起，叩首请罪。肃乐索取仓库籍，缮完守具。会定海总兵王之仁既纳款而悔，入城与肃乐缔盟共守。闻鲁王在台州，遣举人张煌言奉表请监国。时绍兴、余姚、慈溪并举兵，王乃赴绍兴，行监国事。召肃乐为右佥都御史，画钱塘江而守，寻进右副都御史。上疏言："目前时势，国有十亡而无一存，民有十死而无一生，若不图变计，不知所税驾矣。"

当是时，之仁已封武宁侯，方国安亦进镇东侯，其兵谓之正兵，食宁波、绍兴、台州三郡田赋，为正饷；

107

孙嘉绩、熊汝霖、沈宸荃及肃乐等兵谓之义兵，所食者皆取给于富室乐输，为义饷。正兵司饷者直至殿陛争哗，夺取义饷，而义兵遂无所取给，恒缺食。已加兵部右侍郎，累疏辞，不许。明年四月，军食尽，乃上疏言："臣兵既无饷，不得不散；但臣以举义而来，大仇未雪，终不敢归安庐墓。"遂弃军之温州。王得疏，知不可留，乃降旨令往海上，同藩臣黄斌卿、镇臣张名振共取道崇明以复三吴。时方有由舟山窥吴之计也。逾月，绍兴失守，王航海，肃乐亦之舟山。唐王召之，甫入境而延平陷，遂隐海坛山，采山薯为食。

丁亥，郑彩治兵海上，王入长垣，召为兵部尚书。疏荐故太仆卿刘沂春、广东粮道吴钟峦及闽中诸遗臣，并起用。戊子，王次闽安镇，拜为东阁大学士，与马思理（《胜朝殉节诸臣录》云：长乐人，官东阁大学士，兼礼部尚书。大兵平福州，自缢死。国朝赐谥节愍）、林正亨同入直。每日系舟于王舟之次，票拟章奏既毕，则牵舟别去，匡坐读书而已。时唐王虽殁，而其将涂登华尚守福宁，王遣大学士刘中藻攻之。登华欲降而未决，谓人曰："岂有海上天子、舟中国公？"肃乐致书，谓："将军不闻南宋之末，二帝不在海上，文、陆不在舟中乎？后世卒以正统归之，而况不为宋末者乎？今将军死守孤城，以言乎忠义，则非其主也；以言乎保身，则非其策也。依沸鼎以称安，巢危林而自得，计之左矣！"登华得书遂降。而是时郑彩专柄，连杀熊汝霖、郑遵谦。又登华之降由于刘中藻，故幕府立焉，而彩反掠其地。肃乐与中藻书，每不直彩，彩闻之恨甚。肃乐故有血疾，遂忧愤疾作，卒于海外之琅琦山，年四十二。（《殉节诸臣录》云：闻连江陷，以头触床死。）遗言以故员外郎章服入殓。赠太保，谥忠介（国朝改谥忠节）。后六年，故相叶向高曾孙（《南疆绎史》作向高孙）尚宝卿进晟葬之福清黄檗山。

妇翁董光远破家为肃乐输饷，奏授职方主事，参幕府事，肃乐既入海，乃自缢而死。

钱肃图

钱肃图，字退山，号东村（《鄞县志》云：字肇一，号退山），肃乐第四弟。为诸生，随肃乐倡义，授监纪推官。绍兴破，从王泛海入闽，擢御史，召幕义甬，联络山海诸寨。肃乐死，与弟简讨肃范同入福安围城中。福安破，肃范死，肃图从王至舟山。又二年，舟山破，乃归。久之，卒于家。

钱肃范 仆张贵

钱肃范，字锡九，一字箕仲，肃乐第五弟。肃乐起兵，其诸弟之从军者，并授监纪。江干失守，从肃乐浮海而南。一时诸从亡诰敕皆出其手，授翰林院简讨。肃乐既死，大学士刘中藻方守福安，招之往，擢兵科给事中。己丑四月，福安陷，望百辟山叹曰："此宋少帝入海处也！"赋绝命词投缳。兵至被执，不屈死，年二十九。仆张贵从之。

钱肃遴_{妻鲍氏}

钱肃遴，字兼三，肃乐第七弟。以诸生从军，初授监纪，未受。入闽，以荐授兵部职方主事。己丑，从亡翁洲。辛卯，翁洲破，来归。甲午，张煌言以定西之军入长江，肃遴与弟推官肃典间道赴之。乙未，翁洲复，归海上，肃遴复与推官赴之。丙申，翁洲复破，推官死焉。肃遴亡命至昆山，思得间为入海计。己亥，煌言复入长江，肃遴又从之。已而兵败相失，流转太仓、嘉定间，怏怏不自得。一夕，呕血数斗，大呼不绝以死，年三十。妻鲍氏祝发为尼。

钱肃典

钱肃典，字叶虞，肃乐第九弟。庚寅，与兄肃遴从亡，共保翁洲，授监纪推官。丙申，大兵复下翁洲，肃典与肃遴渡海告警。追骑至，肃遴得脱，而肃典被执，不屈死，年二十六。

熊汝霖 子琦

熊汝霖，字雨殷，余姚人。崇祯四年进士，授同安知县，擢户科给事中，以言事谪福建按察使照磨。福王立，召还，以原官给事中起用，转吏科右给事中。南都陷，马士英窜走杭州，汝霖责其弃主，士英无以应之。逾月，杭州亦破，乃与同里孙嘉绩共起兵。鲁王监国，擢右佥都御史，督师防江。时江上之兵，每日蓐食，鸣鼓放船，登陆搏战，未几，又复转柂还守，率以为常。惟汝霖率五百人渡海宁，转战数日，夜至桥司，士卒残破略尽，乃还。因入海宁募兵，得万余人，别行伍，分汛地，以本邑进士俞元良司饷，指挥姜国成主兵。由是浙西吴中，并皆响应。进兵部右侍郎，兼右副都御史，总督义师。唐藩立，闽中遣刘中藻颁诏至越。汝霖曰："吾知奉主上而已，不知其他。"因出檄拒之。丙戌五月，进兵部尚书，兼东阁大学士。六月，江干失守，从王泛海。时郑彩自以扈驾功，势张甚。汝霖票拟，每右诸将而抑彩，彩积恨久之。已而彩与义兴伯郑遵谦交恶。王次闽安，从亡诸臣之室俱保琅琦。李茂者，彩之裨将也，汝霖奴子与之争口。戊子元夕，汝霖自王所归沐，熊、郑两家簪珥相问遗，茂以熊、郑合谋奔告彩。乃夜使贼党百人破门而入，缚汝霖投之海（国朝赐谥忠节）。子琦（《纪年》称琦官），甫六岁，即彩婿，彩阳抚而阴贼之，亦投之海中。

孙嘉绩 子延龄

孙嘉绩，字硕肤，余姚人，宋烛湖先生之后，忠烈公燧五世孙，大学士文恭公如游孙。崇祯十年进士，授南京工部主事，召改兵部，擢职方员外郎，进郎中（《小腆纪年》作主事，未尝进郎中）。为中官高起潜所谮，下狱，久之，释归。福王时，起九江兵备佥事，未赴。南都既陷，杭州随之，乃与同里熊汝霖共举兵，迎鲁王监国。擢右佥都御史，督师防江，进兵部右侍郎兼都御史。诸人虽迫于忠愤，创义起事，然皆书生，不知兵，迎方、王二帅，拱手而授之。国成，凡原设营兵卫军，俱隶方、王，而召募之街卒里儿，则身领之。方、王既自专，反恶诸人之参决，于是有分地分饷之议。方、王犹为不足，攘夺义饷。于是义兵无所取给，恒散去无存，奇零残卒，不能成军，嘉绩乃尽以归之职方（二字衍）御史黄宗羲，而谢兵事。丙戌五月，以兵部尚书与汝霖同拜东阁大学士。六月，江上师溃，从王航海，卒于舟山。年四十三（《南疆绎史》作四十四），赠太保，谥忠襄。

子延龄，官中书舍人，从亡海外，历仕至户部尚书。

沈宸荃

沈宸荃，字友荪，号彤庵，慈溪人。崇祯十三年进士，授行人，奉使旋里。福王立，复命南都，擢山西道御史。时马、阮乱政，宸荃频疏论之，最后直纠士英擅权纳贿、蠹国殃民十二大罪。士英怒，必欲杀之，台省力救得免。遂出为苏松兵备佥事，未赴而南都破。北兵至浙，宸荃起义里中，与熊汝霖、孙嘉绩、钱肃乐等会师，迎鲁王监国，擢右佥都御史。江干失守，弃家从王海外。王次长垣，连擢至兵部尚书、东阁大学士。复从王至舟山，加太子太保。舟山破，又从泛海，抵厦门。至金门后，舣舟南日山，遭风没于海（国朝赐谥忠节）。

宸荃从亡时，其父居家，当事龁龀之，父亦强直，不能加害。宸荃每思其父，辄吟诗，诗罢恸哭，闻者无不哀之。

卷七 列传四

王之仁

王之仁，字□□（原阙），直隶保定人。官吴淞总兵，迁浙江定海总兵。在定海已纳款，得贝勒令，仍旧任。鄞之故太仆谢三宾者，家富耦国，方西行，见贝勒归，害钱肃乐等所为，乃贻书之仁，谓"渝渝訾訾，出自庸妄六狂生，而一稚绅和之。将军以所部来斩此七人，事即定矣。某当以千金为寿"。稚绅指肃乐，盖肃乐时年未四十也。会肃乐亦遣客倪懋熹以书告之仁，劝其来归。之仁两答书，约以十五日至鄞，而密语懋熹，令具燕犒。三宾不知也，方以为杀肃乐在旦夕，届期，之仁至，诸乡老大会于演武场。坐定，之仁出三宾书对众朗诵，三宾遽起，欲夺其书。之仁变色，因问肃乐曰："是当杀以祭纛否？"语未毕，长刀夹三宾下。三宾哀号跪阶下，请输万金以充饷，乃释之。之仁遂以兵迎鲁王于台州。王既监国，封之仁武宁侯，进宁国公。

时诸帅争地争饷，攘臂哗争，敌兵临江，置之不问。之仁虽悍戾，尚忠奋，上疏言："起事之日，人人有

114

直捣黄龙之志，乃一败之后，遂以钱塘为鸿沟，天下事尚何忍言？臣今日计，惟有前死一尺，愿以所部之兵沉船一战，今日欲死，犹战而死，他日即死，恐不能战也。"

丙戌三月朔，北兵驱船开堰入江，阁部张国维严饬各营守汛，令之仁统水师从江心袭战，而自督诸军复杭州。会东南风大起，之仁扬帆奋击之，北兵败去。六月朔，江上兵溃，诸将皆遁，惟之仁一军尚在，将由江入海。国维与之仁议抽兵五千分守各营，之仁泣曰："坏天下事者，方国安也。敌兵数万屯北岸，倏然而渡，孤军何以迎敌？惟一死而已！"乃载其妻妾并两子妇、幼女、诸孙尽沉于蛟门下，捧所奉敕印，北面再拜，投之水。乃立旗帜，鼓吹张盖，泛海至松江。北兵意其降也，护送至金陵，峨冠大袖，肩舆而入，百姓骇愕聚观。之仁从容入见内院洪承畴，自称："前朝大帅，国亡当死。恐葬于鲸鲵，身死不明，后世青史无所征信，故来投见，欲死于明处耳！"承畴优接以礼，劝之剃发，不从，乃戮于市。

从子正中，别有传。

张鹏翼 弟继荣　徐洪珍

张鹏翼，字耀先，浙江诸暨人。官浙江总兵、中军都督府左都督。乙酉四月，北兵南下，鹏翼与右都督徐洪珖合兵入援，未至而南都陷，遂从海道至绍兴，鲁王封为永丰伯。丙戌三月，移镇衢州，北兵至，副将秦应科等为内应，城遂破。鹏翼巷战力竭，被执，谕之降，大骂，乃杀之（国朝赐谥烈愍。《小腆纪年》载：弟鹏飞同被执，不屈自刭死）。

弟继荣（《南疆绎史》作季熊），勇冠三军，与北兵战，力竭而死（《纪年》云：季熊，严州守将，战败拔靴刀自刭死。时称张氏三忠云）。有老僧舁其尸归，将近衢里许，道旁有旅肆，忽见继荣披甲跃马，从数人至，命具酒食。肆主飞报入城，军中皆惊喜，急出迎之，则继荣尸适至。始知向入旅店者，乃其魂也。

洪珖亦不屈死。

蒋若来

蒋若来，字龙江，南直长洲人。世居娄门，形材短小，独骨臂，善骑射，以事亡命，居刘河。巡抚张国维异其才，拔自行伍（《明季北略》作生员），以把总守江浦。流贼薄城，蚁附而上，若来提刀截杀，应手而毙。方坐城楼下，俄见贼金冠紫袍者，握大石直前，击中若来面，仆地。贼乘势合围而前，若来奋跃登城，射殪其酋，复发大炮，击杀三千人，以功擢游击，守江浦。六安、宿松之役，以无援败，累迁至浙江总兵（《胜朝殉节诸臣录》《小腆纪年》并称都督）。唐王立，令与朱大典同守金华，鲁王授官亦如之。及城破，令长子出，而集妻妾子女于厅，纵火焚之。提刀巷战，杀四十余人，力尽自刎死（国朝赐谥忠烈）。

郑遵谦弟遵俭　妾金四姐

郑遵谦，字履公（《绍兴府志》作履恭），会稽人，金事之尹子。为诸生，跅弛任侠，不为绳墨之士所理。南都陷，阉人屈尚志（按《小腆纪年》：福府内臣有屈尚忠者，疑即一人）逃至越，遵谦执而杀之，曰："吾闻诸刘先生，凡系逃官，皆可诛。"刘先生谓宗周也。北兵至，潞王以杭州降，遵谦创众起义，杀北人所署绍兴守、会稽令（《纪年》云：绍兴守张愫，山阴令彭万里），与钱肃乐等奉笺鲁王，拜中军都督府左都督，封义兴伯。丙戌三月，北兵决坝放船入钱塘江，遵谦帅师败之，获其扶甲八百余副。绍兴破，崎岖浙闽间，从王航海至厦门，进封义兴侯。大学士熊汝霖为郑彩所害，遵谦不平。彩乃诈扑部将吴辉，辉扶伤就遵谦求书投郑鸿逵。遵谦过辉船送之，遂被擒。辉既擒遵谦，而难于面之，伏舱底不出。遵谦呼之曰："汝郑彩厮养，杀我岂出汝意，而相避乎？"辉乃出。遵谦乞只鸡盂黍，哭奠汝霖，既毕，遂跃入海中死（国朝赐谥节愍，弟遵俭同）。有妾金四姐者，故妓也，尝笞杀其婢王氏，因下狱，谦以千金出之。谦死，四姐束藁象彩，每馈奠，斩象人以侑食。彩闻之，使人沉之海中。

弟遵俭，官通政司参议，舟山破，殉节死。

荆本彻 子元相

荆本彻，字太徵，丹阳人。崇祯辛未（《小腆纪年》作甲戌）进士，官兵部司务，为温体仁所恶，免官，十七年，起原官，出为下江监军道。福王时，授职方郎中，仍监军海上。南都亡，屯军施翘河，号四会营，招集诸将士。会故总兵贡五常（原注：崇明人）、张士仪（原注：太仓人）、张鹏翼（诸暨人。原注：崇明人，疑承上贡注而讹，今据本传）、巡抚田仰、光禄卿沈廷扬各以众至，义阳王避乱，亦自太仓投焉。鲁王进拜副使。丙戌，扈王出海，屯小沙岇。其将士多善射，黄斌卿忌之，造为流言，率众攻之，遂遇害（《胜朝殉节诸臣录》云：没于浙东，国朝赐谥节愍）。子元相，亦见杀。

卷八 列传五

沈廷扬 子元泰 妾张氏 沈始元 蔡德 蔡耀 戴启 施荣 刘金城 翁彪 朱斌 林树 毕从义 陈邦定

沈廷扬，字季明，号五梅，崇明人。少为诸生，慕忠孝大节。崇祯中，由国子生为武英殿中书舍人，以海运功擢户部郎中，寻加光禄寺少卿，仍督运，驻扎登州。京师陷，福王立于南都，命廷扬以海舟防江；寻命兼理饷务，馈江北诸军。南都失守，航海至舟山，依黄斌卿。唐王在福建，授兵部右侍郎，总督水师；鲁王授户部左侍郎。王航海之明年四月，吴淞提督吴胜兆反正，以蜡书来求援，斌卿不敢应，廷扬及都御史张煌言、给事中徐孚远、御史冯京第劝定西侯张名振就其约。名振遂率舟师同廷扬等北上，统水船二百余号，直抵崇明。及吴淞，会飓风大作，舟覆，名振等踉跄遁归。廷扬独与北兵大战四昼夜，抵福山，次鹿苑。夜分，飓风又起，舟胶于沙，与麾下七百人俱被执。苏抚土国宝劝之降，不从，乃先驱七百人于娄门外李王庙骈戮之，无一人肯屈者。廷扬至南京，内院洪承畴素与廷扬善，欲脱之，诡曰："我闻沈廷扬已为僧，若敢诳乎？"廷扬晋之，遂下狱。犹遣其门人周亮工说之。廷扬曰："毋多言，吾今日非一死不足塞责。"乃与部下赞画职方主事沈始元，总兵官蔡德，游击蔡耀、戴启、施荣、刘金城、翁彪、朱斌、林树，守备毕从义、陈邦定及嗣子元泰同就戮，年五十三（国朝赐谥忠节）。妾张氏奔视含殓，哀恸道路，归亦自缢。后赠户部尚书。

黄铭丹 妻施氏

黄铭丹，字丹侯，崇明人。诸生。崇祯十二年，流寇毁凤阳祖陵，铭丹愤激，与妻子诀，誓不破贼不还。因谒制府，献平寇诸策，为史可法参谋。及京师陷，里人沈廷扬方以光禄卿驻淮上，铭丹投谒曰："丹在史公处无所表见，愿假一旅以自效。"因令至崇明募水师。师方举，而福藩以江北分属四镇，廷扬无分地，遂无功。南都失守，吴中瓦解，铭丹方抵浙，询帝王消息，知廷扬已入舟山，乃抚膺曰："事不可为矣！"南向恸哭，赴海死。妻施氏亦殉焉。

冯京第

冯京第，字跻仲，号簟溪，慈溪人。崇祯十三年进士，授行人（按京第不由进士出身，详见《鲒埼亭集》及《溪上遗闻录》。以上十字当由《沈宸荃传》讹移），改礼部主事，乞假归。福王立，以原官召，未赴，南都亡，杭州继陷，乃从里人沈宸荃等起义。绍兴监国，擢御史，寻进金都。江干师溃，从王航海。时议遣平海将军周鹤芝乞师日本，黄斌卿止之，鹤芝怒而入闽。京第谓斌卿曰："北都之变，东南如故，并使其东南而失之者，是诚吴三桂乞师之误。今我无可失之地，比之前者，为不伦矣。"斌卿乃使其弟孝卿同京第往，至长崎岛，其王不听登陆。京第日于舟中朝服拜哭不已。会东京撒斯玛王遣官行部，如中国巡方御史，京第因致其血书。王闻长崎王之拒中国也，曰："中国丧乱，我不遑恤，而使其使臣哭于吾国，吾国之耻也。"遂议发各岛罪人同孝卿往，而令京第先还，致洪武钱数十万，盖其国不能鼓铸，但用中国古钱。舟山之用洪武钱始此。（按《余姚县志》：京第乞师，与朱之瑜偕，京第先归，之瑜遂留。《南疆绎史》《鲒埼亭集》诸书并不著之瑜名。日本人冈千仞来征乞师事，则只知之瑜，不知京第，盖之瑜留故也。事详《补传》。）

丁亥四月，同定西侯张名振率舟师北上，至崇明而海啸舟覆，得脱归。己丑秋，擢兵部右侍郎。是冬，仍命京第及副都御史黄宗羲同澄波将军阮美往日本乞师，终以不得要领而还。时余姚人王翊结寨四明，京第乃间行至，与之合军杜岙，声势颇振。庚寅冬，北兵将攻舟山，恶四明中梗，乃分兵两道入大兰山。时京第已寝疾，匿鹤（《纪年》作灉）顶山中，为其叛将（《纪年》云：王升）所缚，致之宁波。谕降不从，乃杀之。

徐孚远妻姚氏　子度辽

徐孚远，字闇公，晚号复斋，南直华亭人，南京刑部侍郎陟曾孙。崇祯十五年举人，明年，下第归。两京相继陷，慨然而起，指其发誓曰："此即苏武之节也。我宁全发而死，必不去发而生。"遂与夏允彝（《小腆纪年》云：字彝仲，号瑗公。崇祯丁丑进士，官吏部主事。乙酉九月，自溺死，国朝赐谥忠节）、陈子龙（《明季南略》云：字卧子，号海士，允彝同榜进士，官兵部左侍郎。《胜朝殉节诸臣录》作右侍郎，事败被执，乘间投水死，国朝赐谥忠裕）等谋勤王，事不克，入于湖。湖中遇兵，与家相失，妻姚氏、子度辽并死焉。遂间道往浙，自浙入闽。时唐王方即位于福州府，改福州为天兴府，遂除孚远天兴司李，断狱平正。尚书张肯堂出募师，加孚远兵科给事中，同行。既而闽、浙相继陷，鲁王航海，孚远从之。从定西侯张名振帅舟师北上，飓风舟覆，孚远以后殿得免。

王至舟山，擢国子监祭酒。舟山破，从王之厦门，依郑成功，成功以师礼事之。戊戌正月，滇中遣使赍玺书通问成功，拜孚远左副都御史。孚远随使入觐，遂泛海，由交趾入安隆。交趾要（原讹安）其行礼，不从，不听过，仍返厦门（《台湾外纪》以为从滇朝见归厦，失道安南，而《行朝录》则云朝滇时不得过安南，遂回厦门）。厦门破，为北帅吴六奇所藏，完发以死。在海外复娶戴氏，生子永贞，扶榇至松江，未葬，子亦死。（《明史》谓孚远因松江破，死岛中。《泉州府志》谓居厦之曾厝鞍，卒。《龙溪县志》谓游龙溪，后不知所终。《南疆绎史》谓殁于台湾。《野乘》谓癸卯厦门破，诸缙绅东渡，独孚远归华亭。《明诗综》引《静志居诗话》，亦有"乘桴远引，骑鹤重归"语，似孚远未渡台者。惟孚远《交行摘稿》后附林霍、王沄所撰二传，言癸卯之变，拟归故乡，不果，转徙入潮之饶平山以殁。又《赐姓本末》说与此合。按六奇为潮之饶平人，当得实也。）所著诗文，散佚殆尽。

孚远少时与同里夏允彝、陈子龙齐名，三人尝言志，孚远慨然流涕曰："百折不回，死而后已。"允彝曰："吾仅安于无用，守其不夺。"子龙曰："吾无阃公之才，而志则过于彝仲，顾成败则不知也。"后皆如其言。

陈士京

陈士京，字齐莫，号佛庄，鄞县人。崇祯之季，天下多故，挟策浪游，久之无所遇。归而国难作，悒悒不出。画江之举，熊汝霖荐授职方郎中，会都督（《鄞县志》作总兵）陈谦奉使闽中，命士京监其军以行。谦被杀，士京遁之海上。郑芝龙闻其名，令其子成功与游。芝龙降北，成功不从，士京实赞之。戊子，王在闽安，擢兵科给事中，迁光禄寺卿，奉表粤中。时惠、潮路断，乃迂道沿海，资斧俱竭，资卜以前。粤中加□（原阙）都御史，固辞，欲留之，不可。己丑，王入舟山，士京在闽，与成功相结，以为后图。成功颇以恢复自任，宾礼遗臣故老，于是海上衣冠云集。久之，见海师无功，粤事亦日坏，乃筑室同安之鼓浪屿，题曰鹿石山房，赋诗自遣。己亥，成功统师入长江，以士京参预岛上留守事，触疾而卒（国朝赐谥节愍），年六十五。时王在南澳，闻之震悼，亲为文以祭之。

卷九　列传六

王　翊 蒋士铨　赵立言　立言子桢　石必正　明知

　　王翊，字完勋，号笃庵，慈溪人，后居余姚。少孤，为诸生，有智略。鲁王监国，翊与慈溪诸生王江同起兵海滨，与江上师为声援，授兵部职方主事。浙东不守，翊渡海（按《小腆纪年》：翊走海隅，王师购之，急囚其弟翊以招之，翊不屈死。翊泣曰："是不负完勋家也。"）至舟山，说黄斌卿攻宁波，许为内应。为降绅谢三宾告变，及斌卿以舟师至，遂为北兵所败。翊乃入四明山，结寨于大兰，居之。戊子三月，破上虞，杀其署县事者，浙东震动。

　　御史冯京第自湖州军破，亦间行至四明，与翊合军杜岙，守关袆牙，军容甚整。北帅勒兵东渡，下教乡聚团练攻杜岙，破之。京第匿民舍，翊以四百人走天台，谓诸将曰："是皆团练之罪也！北兵虽健，我视其锐则避之，懈则击之，非团练为之乡导，彼敢行险地如枕席乎？然北兵与团练岂能相守？吾卒虽残，其破团练，尚有余力。"乃自天台至四明，击破乡聚之团练者，沿道

125

招集流亡，一月复至万余人，而京第亦出。己丑春，又破上虞，新令逃去，得其印。当是时，浙东山寨，萧山则石仲房（《南疆绎史》作仲芳），会稽则王化龙、陈天枢，天台则俞国望、金汤，奉化则吴奎明（《纪年》云：在天台）、袁应彪（《纪年》作滮），千里之间，屹然相望。然皆掳掠暴横；而平冈张煌言、上虞李长祥且耕且屯，独不扰民，又单弱不能成军。惟翊一旅蔓延于四明八百里之内，设为五营五司。翊主兵，江主饷，劝分富室，单门而下，安堵如故，履亩而税，人亦无不乐输者。平时不义之徒，立置重典，其所决罚，人人称快。浙东列城为之昼闭，胥吏不敢催租缚民，惴惴以保守一城为幸，皆荐诚讲解。

翊计天下不能无事，待之数年，庶几为中原之应也。自上虞出，东徇奉化。北兵方攻吴奎明，奎明力竭而遁，北兵追奔至河泊所，翊猝遇之而战，北兵大败。六月（《纪年》作十月），翊朝行在，拜右佥都御史。会稽人严我公以招抚至浙，湖州柏襄甫、会稽顾虎臣等皆降。我公得渡海，发使至四明山，翊之部将左都督黄中道烹其使，我公遁去。庚寅三月，复来朝，进兵部右侍郎，兼官如故。八月，破新昌，拔虎山，进本部尚书、右副都御史。明年春，北兵将攻舟山，恶翊中梗，乃分二道，一由奉化，一由余姚，会师于大兰山，帐房三十里，游骑四出，以搜伏听者。翊遁入海（据《纪年》：在庚辰九月），复还山中，所留诸将降杀且尽。翊彷徨无所倚，二十四日至北溪，为团练兵所执。是夜大星堕地，野鸡皆鸣。过奉化，赋绝命诗，有"平生忠愤血，飞溅于群虏"之句。在狱中每日从容束帻，掠发修容，谓守卒曰："使汝曹得见此汉官威仪也。"八月十二日，会讯于定海，翊坐地上，曰："毋多言，成败利钝皆天也。汝等何所知！"十四日行刑，群帅愤其积年倔强，聚而射之。或中肩，或中颊，或中胁，翊不稍动，如贯植木，洞胸者三，尚不仆，乃斧其首而下之，始仆。（按《纪年》：翊以辛卯七月复入山，二十四日夜有大星坠地，诘朝被执，至定海，不屈死之。时八月十二日也。遗一女，年十三，字黄宗羲子，以例没入勋贵家。参领某怜其为忠臣女，抚之如所生，有刘弁者求之，女不可，参领难之，女突出所佩剑自刎死。参领大惊，以剑殉葬焉。）年三十六。（国朝赐谥烈愍。）

从者二人，一曰石必正，扬州人；一曰明知，余姚人。皆不肯跪，掠之跪，则跪而向翊。又有参军蒋士铨，嘉善诸生，在军三年，山寨之破，他人皆去，士铨独从之。初五日，先翊受刑，赋绝命词，翊在狱为文祭之，而北人见者无不泣下，曰："非独王公忠也，乃其从者亦义士也！"

江母为北帅所得，以之招江，江削发以僧服见，安置杭州，母以天年终。江复与定西侯张名振引师入长江，登金山，遥祭孝陵，题诗恸哭。丙申，复与沈调伦聚众四明山，调伦见杀，江亦伤箭而死（详江本传，此羡文也）。

先是，休宁人赵立言以余众栖四明山中，与江山诸生李国楗约取江山（按《纪年》系于丙申八月下，戊子作明年，则为丁酉年矣）。戊子正月朔，立言将三百人攻克之，国楗失期不至，明日，北兵大至，立言迎战，杀数人，马踬，堕水死。子桢恨甚，至国楗家，欲杀之，乃为北兵所执，与国楗同死。

王 江沈调伦

王江，字长升，慈溪人。为诸生，与同里王翊同起兵，结寨四明山中。先是，画江而守，二人连名上书监国，请募沿海义勇，勤王自效，授户部主事（按《小腆纪年》：以己丑七月授是职，后无进阶），改户科都给事中。师甫集而王航海，二人遂顿兵四明之杜岙，以为海上声援。海上人呼东西王以别之：西王主兵，东王主饷。

当是时，浙东之师云起，由宁、绍以至台、处，所谓山寨者相望也。然皆乌合不练之兵，又无所得饷，四出劫掠，居民苦之。独翊招兵最盛，而江善理饷，计山中屯粮，所收不足，亲往民家，计其产用，什一为劝输，以忠孝感动之，有额外扰民一粟者必诛。又时遣人入内地，结连遗老，致其扉屦之助。故杜岙一军之强，甲于他寨。冯京第、张梦锡遂合军来守大兰。江总司三营之饷，浙东列城畏之如老黑当道，胥吏不复下乡催租。于是山中之民益乐输，监国之居舟山，非此一军，莫能安也。拜都察院右佥都御史，晋右副都御史。

庚寅，大兵决计下舟山，先廓清山寨，以绝其援。两军由余姚、奉化会于大兰，而游骑分道四驰，京第、梦锡并死之。翊避入海，江亦遁去。大帅劫江之母以招之，江乃尽剃其发，以浮屠服至杭。大帅喜甚，盛为馆帐如幕府，而防闲之。未几，母卒，江买一妾昵之，其妻晨夜勃谿诟谇，江乃控之吏而出之。妻亦攘臂登车，历数江之过而去。一日，江游湖上，守者以其妾在不疑，而江竟不知所往。乃知向者特以术脱其妻也。江乃复入海，朝监国于金门，张名振请为监军。甲午，引师入大江，抵燕子矶，望祭孝陵，题诗恸哭而还。乙未，名振卒，海师复下舟山。时（按《纪年》系丙申八月）有沈调伦者，复起四明山中，来迎江，乃赴之。山中人闻江至，壶浆以迎者如猬。浙东大帅方以舟山为急，闻江至，谓山寨且复为舟山犄角，急攻之，调伦见杀，江亦中流矢卒。

卷十 列传七

张肯堂姜周氏　方氏　姜氏　毕氏　子妇沈氏　女孙茂漪

林志灿　林桂　吴士俊　家人张俊　彭钦

张肯堂，字载宁，号鲲渊（《小腆纪年》《南疆绎史》并作鲲渊），南直华亭人。天启五年进士，崇祯末，以佥都御史巡抚福建。南都亡，总兵郑鸿逵拥唐王入闽，与其兄南安伯芝龙及肯堂劝进，遂加太子少保、吏部尚书。会原任工部侍郎曾樱（《明季南略》云：字仲含，号二云，江西峡江县人，万历丙戌进士，官至文渊阁大学士。闽中亡，避居厦门。辛卯，厦门破，自缢死，国朝赐谥忠节）至，言官请令樱掌吏部，乃令肯堂掌都察院（《纪年》云：肯堂以翊戴功进兵部尚书，改掌都察院事，寻复转户、工、吏三部尚书）。肯堂面陈恢复大计，因言江干之祸，皆由罪辅马士英，又加以弃主而逃，今闻其在浙，法所不赦。故唐王登极诏中即发其罪，士英叩关自理，七疏皆不纳，而芝龙力为之请。诏令其恢复杭州，始申雪。于是士英竟不得入。然芝龙终无意恢复，恶肯堂之日以亲征劝王也，思出之外。肯堂因自请出募舟师，由海道抵吴淞，倡义旅，与浙东相倚援。乃加少保，兼户、工二部尚书，总制北征，赐尚方剑，给敕印，便宜从事。以吏部侍郎朱永祐、兵科给事中徐孚远从行，皆肯堂同里人也（按《纪年》：时永祐官太常寺卿。本传云：加侍郎衔。又以为上海人）。肯堂乃请平海将军周鹤芝将前军，定洋将军辛一根将中军，楼船将军林习山（《绎史》《鲒埼亭集》《纪年》并作林习，而《纪年》丙戌十二月郑成功起兵海上，又云以林习山为楼船镇。是否一人未详）将后军。行有日矣，芝龙密疏止之，以其私人郭必昌代为总制，命肯堂回福京监乡试事。

丙戌八月，闽中陷，肯堂飘泊海外，出私财募兵，与周鹤芝共事，寻为鹤芝所忌，乃北发。己丑十月，至舟山，鲁王拜为东阁大学士，加太傅。辛卯八月，北兵大至，有劝肯堂他适者，肯堂曰："我昔为闽抚，应死封疆，以唐王存亡未审，故不死。后知鲁王在，是亦高皇帝子孙，因事之。今更何所图？惟有一死而已！"北兵乘大雾，集螺头门，定西侯张名振奉王航海，捣吴淞，思牵制北兵，以肯堂为留守。城中兵六千，居民万余，坚守十余日。城破，肯堂衣蟒玉，南向坐，视其妾周氏、方氏、姜氏（《鲒埼亭集》云：姜姬投水死）、毕氏，子妇沈氏，女孙茂漪次第缢死，乃从容赋诗（《纪年》载其诗云："虚名廿载误尘寰，晚节空余学圃闲。难赋《归来》如靖节，聊歌《正气》续文山。君恩未报徒长恨，臣道无亏在克艰。寄语千秋青史笔，衣冠二字莫轻删。"），自缢于院

131

左之雪交亭（国朝赐谥忠穆）。雪交亭者，满院梨花，肯堂平日读书处也。

中军将林志灿、林桂并格斗死，守备吴士俊，家人张俊、彭钦（《绎史》《鲒埼亭集》并作欢）皆绝脰死。

北帅闻肯堂有绝命词手迹，悬赏募之。一老兵得之，以献北帅，赏之，不受，曰：“我志在表扬忠义耳，不为利也。”

苏兆人

苏兆人，字寅堂（《鲒埼亭集》作寅侯），吴江人。诸生，少师事张肯堂。南都失守，亡命海上，肯堂既相，荐授中书舍人，寻进礼部主事。尝谓肯堂曰：“先生他日必死国事，兆人当为先驱。”时传江阴诸生黄毓祺殉节时狱中诗至〔《小腆纪年》云：毓祺字介兹，贡生，乙酉闰六月起兵行塘，己丑三月被执，至江宁，不屈死。有《小游仙诗》云：“大梦谁分丑与妍，白杨风起总茫然。瓠缘无用从人剖，膏为能明苦自煎。桂折兰摧诚短景，萧敷艾菀岂长年？归途不向虚无觅，朽骨徒为蔓草缠。”“为愁草盛稻苗稀，日暮徐看荷锸归。何处先生多好好？此中居士故非非。肥鱼不肯怜蛟瘦，饱鹝偏能笑鹤饥。请读蒙庄《齐物论》，横空白月冷侵衣。”“散发人间汗漫游，风吹白日忽西流。淘沙惯吓斜飞燕，孔雀偏逢抵触牛。乡里小儿朝拜相，江湖暴客夜封侯。神仙赤舌如飞电，开口舒光笑不休。""腹中书任他人晒，犊鼻裈从甚处悬？惟有丹心坚自爱，忍能凿破化为圆！""最无根蒂是人群，会合真成偶尔文。沙际惊鸥常泛泛，风前落叶自纷纷。掉头东海随烟雾，屈指西园散雨云。况复炎凉堪绝倒，灞陵愁杀故将军。""百年世事弈棋枰，冷眼常观局屡更。鸟喙只堪同患难，龙颜难与共升平。遥空自有饥鹰击，古路曾无狡兔横。为报韩卢并宋鹊，只今公等固当烹。"四（按，似当作六，"腹中"一首似不全）章，自注"七夕作"]，肯堂、兆人并和之（《纪年》云：兆人和诗有"不改衣冠可为士，误移头面即成魔"句）。及舟山破，赋绝命词曰："保发严夷夏，扶明一死生。孤忠惟自许，义重此身轻。"拜肯堂曰："兆人行矣！"即缢于雪交亭下（国朝赐谥节愍）。肯堂拜且哭，以酒酹之，而后自缢。

吴钟峦 子福之

吴钟峦，字峻伯，别字稚山，号霞舟，南直武进人。弱冠为诸生，出入文坛者四十余年，海内推为名宿，而不得第。晚以贡生教谕光州，从河南乡举，成崇祯七年进士，年已五十八矣。授长兴知县，以旱潦，征练饷不中额，谪绍兴府照磨，逾年，移桂林推官。闻京师变，流涕曰："马君常（《小腆纪年》云：谓马世奇）必能死节。"已而果然。福王立，迁礼部（《南疆绎史》作吏部）主事，行抵南雄，闻江南陷，转赴福建，痛陈国计。唐王甚重之，补广东副使，未行，闽中又亡。

鲁王次长垣，以钱肃乐荐，召为通政使。肃乐、钟峦，丙子同考所得士也。申明职掌，疏言："近来远近奏章，武臣则自称将军、都督，文臣则自称都御史、侍郎，三品以下，不屑署也。至所在游食江湖者，则又假造伪印，贩鬻官爵。偃卧丘园，而曰联师齐楚；保守妻子，而曰聚兵数万。请加严核。募兵起义者，则当辨其册籍花名；原任职官者，则当辨其敕书札付。"王是之。升礼部尚书，原官如故，兼督学政。己丑七月，王次健跳，闽地尽失，每日朝于水殿，而钟峦飘流所至，辄试其士之秀者入学，率之见王，襕衫巾绦，拜起秩秩。或哂其迂，钟峦曰："陆秀夫在崖山舟中尚讲《大学》，岂可颠沛失礼乎？"（按《纪年》：钟峦曰："济济多士，维周之桢。可以乱世而失教士耶？"在舟山，朱永祐与讲顾氏东林之学，或笑其迂，答曰："然则崖山陆丞相亦非耶？"）

十月从至舟山，加太子太保。辛卯八月，舟山破，钟峦时在普陀，慷慨语人曰："昔者吾师高忠宪公（《纪年》云：谓高攀龙）与吾弟子李仲达死奄难，吾为诗哭之；吾友马君常死国难，吾为诗哭之；吾门生钱希声从亡而死，吾为诗哭之；吾子福之倡义而死（按《纪年》：以乙酉六月起兵太湖，越三月事败，投湖死，国朝入祀忠义祠），吾为诗哭之。吾老矣，不及此时寻块干净土，即一旦疾病死，其何以见先帝，谢诸君于地下哉？然吾从亡之臣，当死行在。"遂复渡海入城，与大学士张肯堂诀曰："吾以前途待公。"乃至文庙，积薪左庑下，藏所注《易经》于怀，抱孔子木主，举火自焚。赋绝命词曰："只为同志催程急，故遣临行火浣衣。"时年七十五（国朝赐谥忠烈）。

李向中 子善毓

李向中，字豹韦，号立斋，湖广钟祥人。崇祯十三年进士，授长兴知县，以能调秀水，内迁车驾司主事，甫至淮而国亡。福王时进郎中，巡视浙西嘉、湖兵备，寻调苏松，甫至任而南都又亡。乃与沈犹龙（《小腆纪年》云：字云升，华亭人，万历丙辰进士，历官至兵部右侍郎。乙酉八月，松江破，中流矢死）、夏允彝等起兵，不克，走至闽，唐王以为尚宝卿。闽中败，避海滨，刘中藻起兵于福安，向中同朝于王所，拜兵部侍郎，巡抚福宁，监福安军。福安破，从王航海，进兵部尚书，兼掌都察院事。从至舟山，加太子太保。是时诸臣寄命舟楫，日炙风餐，面目黧黑，独向中丰采隐然，白皙如故。庚寅冬，丁外艰，令墨缞视事。辛卯八月，舟山破，叹曰："先帝以治行拔向中，不能死难：华亭之役，不与沈、夏诸公俱死；福宁之役，不与刘公俱死；偷生七载，亦希得一当以报先帝。今已矣！我死，幸投我海中以志恨。"北帅召之，大骂不赴，发兵捕之，以缧绁见。北帅呵之曰："聘汝不至，捕之即来，何也？"向中瞠目曰："前则辞官，今来就戮耳！"因大骂而死。其绝命词有"血化苌弘碧，相向燃死灰"之句。行刑者乃其旧部，遂投其尸于海，年四十一（国朝赐谥忠节）。长子善毓从死。

朱永祐

朱永祐，字爰启，号闻玄，南直上海人。崇祯七年进士，授刑部主事，改吏部。乞假归，友人问近读何书，曰："忠孝二字未熟，何暇丹铅？"乙酉，南都大乱，预于夏、陈诸公之事。唐王立于闽中，召为文选司郎中，改户、兵二科都给事中，迁太常寺卿，兼原官。时尚书张肯堂出募舟师，乃加永祐侍郎衔，偕行。数劝郑芝龙毋降，不听；将遣力士赵牧刺之，亦不果。闽中破，鲁王擢拜刑部侍郎。王至台，加吏部左侍郎。舟山建国，以工部尚书仍兼吏部事。辛卯八月，舟山破，适病不能起，被执。北帅劝之曰："文丞相尚有'黄冠归故乡'之语，先生若肯剃发，便可不死。"永祐曰："吾发可剃，何待今日？"遂口占绝命诗，有云："纵使文山犹在日，也应无发戴黄冠。"请死益力，跌坐受刃。其仆负尸出城，流血沾衣，哭曰："主生前好洁，今遂无知耶？"血遂止（国朝赐谥烈愍）。

卷十一　列传八

黄斌卿

黄斌卿，号虎痴，兴化卫人。以恩例授把总，崇祯间，官至翁洲参将。福王时，擢浙江（《小腆纪年》作江北）总兵。南都亡，遁归。唐王立，得附劝进，乃上言："舟山为海外巨镇，番舶来往，饶鱼盐之利，西连越郡，北达长江，此进取之地也。"王善之，封为肃虏伯，赐剑印，率兵屯舟山，得便宜行事。

鲁王监国，以兵来会，进侯。绍兴陷，富平将军张名振扈王出海，投斌卿，斌卿不纳，王遂飘泊外洋。然斌卿怯于大敌，而勇于害其同类，副使荆本彻屯小沙屿，斌卿击杀之，并其众。叛将张国柱悉师攻舟山，为阮进败去，斌卿复得其楼船百号，声势益振。而进实名振之水营部将，斌卿间之，使背名振，夺其船只军资器械无算。宁国公王之仁、镇倭将军王鸣谦至舟山，斌卿并诱击之。忠威伯贺君尧以杀礼部尚书顾锡畴（《纪年》云：字瑞屏，昆山人，万历己未进士，南都授礼部尚书，闽中进东阁大学士，国朝赐谥节愍），为众论所不与，挟重赀

137

来舟山，斌卿遣盗杀之，掠其赀。平西将军王朝先在蛟关，斌卿利其兵力，贻书招之。中途遣将假迎劫之，朝先跳水得免。于是诸将积恨斌卿，会王在沙埕，名振、进同往迎之。进军饥，恃昔日保全舟山之力，以百艘来告急，斌卿不应，亦不使人至行在。朝先遂与名振、进合词上疏于王，揭其罪恶。有旨奉讨斌卿，遣其将朱玫（《纪年》作玖）、陆玮御之，辄败。求救于安昌王恭㰌、大学士张肯堂，上章待罪："所不改心以事君者，有如水。"又议和于诸营曰："彼此皆王臣也，兵至无妄动，静候处分。"初皆安堵，既而玫、玮背约出洋，诸将疑斌卿之逃也。纵兵击之，沉斌卿于水（国朝赐谥节愍）。二女皆死焉。

王朝先

王朝先，故四川土司也（《小腆纪年》云：翁洲人）。崇祯中，调征辽东，官平西将军。京师陷，南奔，鲁王时，拥兵蛟关。黄斌卿利其兵力，屡贻书招之。朝先率二舰渡横水洋，斌卿即遣标将朱玫、陆玮以假迎劫之，朝先跳水得免。既至，斌卿摘其印，留之部下，不任以事。定西侯张名振为之力请，还其印，解衣衣之，赠以千金。朝先居闲，请徇边海，至奉化之鹿颈（《南疆绎史》作鹿头镇），四五月而聚兵数千，边海为之出赋。丁亥，王次长垣，封为平西伯（《纪年》作己丑七月，受封伯爵。《监国纪》同）。朝先于是深结名振及荡胡伯阮进，以二人与斌卿有隙也。己丑，闽地尽陷，王至健跳，军饥，告急斌卿，斌卿不应。会斌卿标将黄大振得罪逃朝先所，因诳朝先曰："将军家口及标属尽被本爵所抄没，某以苦谏获戾，故出亡耳。"朝先积恨久，遂与名振、进合兵攻之，杀斌卿而并其众。朝先既得志，威福日作，渐与名振携贰，争粮争汛，逞力恃强，名振衔之。辛卯二月，名振忽引兵至。时朝先居守舟山，名振治兵南田，朝先不虞其见袭也，士卒散遣民舍，仓猝无备，手格数人而死。

周鹤芝 林籥舞　赵牧

周鹤芝，字九玄（《小腆纪年》作号九京），福清人。读书不成，去而为盗于海，尝往来日本，以善射名，与撒斯玛王结为父子，故在海中无不如意。间至家，为有司迹捕，系狱三年，贿吏得解，为盗如故。久之，就抚，以黄华关把总稽察商船。唐王立，加水军都督，封平海将军，副黄斌卿，驻舟山。斌卿为人猜忌，而鹤芝慷慨下士，来者多归附，由是与斌卿不合。鲁王在绍兴，鹤芝议乞师日本，已有成约，斌卿止之，曰："大司马余煌书来，此吴三桂乞师之续也。"鹤芝怒而入闽，斌卿乃自遣其弟孝卿同御史冯京第往。日本不见鹤芝，师卒不出。王至长垣，祸牙出师，封鹤芝为平夷伯。鹤芝帅师复海口，以参议林簱舞、总兵赵牧守之；旋复陷，簱舞、牧并死之。鹤芝退保火烧岙，寻同郑彩、阮进之师攻福州，复败绩。王至舟山，鹤芝与弟瑞以楼船三百余号分屯温之三盘，以为舟山犄角。未几，与瑞有隙，王使吴（《纪年》作胡）明中往解之。明中至，构之益甚，瑞遂南依郑彩，鹤芝亦北结阮进。彩与郑成功争厦门，为成功所败，泊沙埕。鹤芝、进既怨瑞，而张名振欲结欢成功，遂与鹤芝进击，破彩之余兵，鹤芝军遂振。辛卯八月，舟山破，鹤芝航海往日本，不知所终。

簱舞，莆田人，赵牧，常熟人，并为鹤芝客。郑芝龙之降北也，簱舞陈八不可，弗听。监军朱永祐谓鹤芝曰："虞山赵牧，其人勇士也，我欲使见芝龙而刺之。"不果。后并死海口。

阮　进从子骏　陈雪之

阮进，会稽人。本海中盗也，善水战。富平将军张名振拔之，使管水营，常率一舰破贼船三百余，故海上多望而畏之。叛将张国柱攻舟山，黄斌卿不能御，进以四舟冲国柱营，时秋涛方壮，大炮乘之，所向糜碎，国柱仅以身免。斌卿获其楼船、器械无算，反忌名振之有是人也，以计间之，使背名振而从己，进心弗善也。丁亥，王次长垣，封进荡胡伯。己丑六月，名振复健跳所以处王。七月，北兵围健跳，进率其楼船数百奋勇而至，金鼓震天，北兵解去。九月，军饥，进恃昔日保全舟山之力，以百艘泊舟山告急，斌卿不应，遂与名振、朝先等合兵攻之，杀斌卿，投之于海。由是水师尽归于进。王至舟山，加进太子太保。辛卯八月，北兵分三道来攻，名振扈王出海，而使进居守。进诣海门议和，北人欲诱之，进以数船脱归。值北师舟过，进投以火球，风转篷脚，反击进面，创甚，投水，为北兵所获，逼之降，大骂，乃杀之。

俇骏，初官英义将军，加封英义伯，舟山破，与名振扈王出海，屯厦门。乙未，与总制陈雪之共围舟山，破之。丙申，复陷，与雪之并赴海死。

姚志卓 兄志元　方元章　张起芬

姚志卓，字子求，长兴人（《小腆纪年》云：与金堡同里，系仁和人）。乙酉闰六月，与参将方元章起兵，以钱塘人张起芬为将，攻破余杭，与江东诸营遥为声援。金堡（《纪年》云：字道隐，崇祯庚辰进士）至闽，奏其战功，唐王封为仁武伯。十二月，余杭陷，走于潜，元章战死。丙戌十月，战江山，又败，遁入处州山中。其兄志元伪称志卓已降，志卓得脱，而志元见杀。是月，与詹兆恒（《纪年》云：字月如，江西永丰人，崇祯辛未进士，历官至兵部尚书。丁亥三月，攻开化不克，死之。国朝赐谥忠烈）同破永丰，其后迁徙无常。至乙未冬（《纪年》作甲午正月），定西侯张名振、少司马张煌言率水师至镇江，志卓以其兵来会，力攻崇明，没于阵。而起芬被执至杭，悬之树间，射杀之。素不读书，临刑有诗云："身经刀过头方贵，死不泥封骨亦香。"

卷十二　列传九

张名振母李氏　庶母范氏　妻马氏　兄名甲　弟名扬　马呈图
马贡图　顾民楫　梁隆吉　焦文　文妻张氏　杨复葵

　　张名振，字侯服，山西人，南京锦衣卫籍。崇祯末，以副将任台州石浦游击，封富平将军（据《小腆纪年》：鲁王监国，始加是衔）。乙酉，杭州失守，潞王降，钱肃乐等举义，名振以兵来赴。鲁王监国，封富平伯。

　　丙戌六月，江上师溃，名振弃石浦，遣中军方简以舟师迎王出海，投肃虏伯黄斌卿于舟山。斌卿不纳，遂飘泊外洋。会闽中永胜伯郑彩以失抚州获罪，乃遣其将陈辉来迎，王遂居厦门，封彩建国公，进名振定西侯。

　　丁亥四月，吴淞提督吴胜兆反正，以蜡书来求援，斌卿不敢应，而故都御史（按《纪年》：时方进侍郎）沈廷扬及金宪张煌言、侍御冯京第并劝名振以其兵就约。时斌卿已进肃虏侯，其肃虏伯故印犹在，名振即以其印封胜兆，刻师期，而请廷扬、煌言、京第及给事中徐孚远监其军以行。联舻二千，将抵崇明，海啸大风，舟覆，踉跄而归，廷扬死焉。

己丑六月，帅师复健跳所。时闽地尽陷，郑彩亦弃王而去。名振迎王至浙。九月，与荡胡伯阮进、平西伯王朝先合兵攻舟山，杀斌卿，王遂移跸舟山，称行在焉。乃进名振太师，当国政。辛卯七月，北兵三道攻舟山，名振以蛟关天险，海上诸军熟于风信，足以相拒，必不能猝渡，乃留阮进守横水洋，而自以兵奉王捣吴淞以牵制之。军甫发，而进以反风失势战死，城遂陷。名振闻信恸哭，欲投于海，王与诸将救之而止。乃复与英义伯阮骏扈王出海，至厦门，见延平王郑成功。成功大言曰："汝为定西侯，数年所作何事？"名振曰："中兴大业。"成功曰："安在？"名振曰："济则征之实绩，不济则在方寸间耳！"成功曰："方寸何据！"名振曰："在背上。"即解衣示之，有"赤心报国"四字，长径寸，深入肌肤。成功见之愕然，悔谢曰："久仰老将军声望，奈多憎之口何？"因出历年谤书盈箧，名振立命火之，于是待名振以上宾，行交拜礼，总制诸军。

癸巳春，名振请师北上，成功与兵二万、粮三月，以兵部侍郎张煌言监其军。师过舟山，遥祭死事诸公，遂入长江，趋丹阳，掠丹徒，登金山，望石头城，遥祭孝陵，三军恸哭失声。题诗绝壁，有"十年横海一孤臣"之句（原注：诗云："十年横海一孤臣，佳气钟山望里真。鹁首义旗方出楚，燕云羽檄已通闽。王师桴鼓心肝碎，父老壶浆涕泪频。南望孝陵兵缟素，会见大纛祃龙津。"）。冬尽撤回。

明年春，益以兵，将再入长江，掠瓜州，侵仪真，抵燕子矶，扎营平阳。时以上游有蜡书，请为内应，故名振再举，而所约卒不至，乃还，复屯军南田。名振与士卒同甘苦，诸军感甚，有"太师既枵腹，我辈亦忘饥"之谣。会故仁武伯姚志卓、诚意伯刘孔昭并以军来，依名振立营，号召旧旅，声势益振。遂攻崇明，入吴淞，掠战船六百余号，径入山东登、莱诸处，直抵高丽而还。（按《纪年》：癸巳三月，请兵北上，姚志倬、刘孔昭以众来依，驻营崇明，寻撤回。九月，复驻平阳，粮绝。十二月，大兵与战，败绩。甲午正月，以上游有蜡书为内应，再入长江，登金山，遥祭孝陵，题诗东下。四月，复以海艘至仪真，焚商船六百号。寻以沙船入山东登、莱诸处，直抵高丽而还。）

乙未冬，英义伯阮骏、总制陈雪之帅师破舟山，北将巴臣兴降。名振徒步痛哭入城，至故宫，祭元妃陈氏及殉难诸忠臣，又祭其母，大作佛事，哀动三军（按《纪年》：事在是年五月）。旋感疾。临终起坐击床，连呼先帝数声而没（《纪年》云：时乙未十一月丁未也）。有大星陨海，光芒如电，声甚洪，葬时，白鹤千群，盘旋数日而去。

先是，舟山破，名振母李氏自缢死，庶母范氏赴水死，妻马氏奉其舅木主赴火死，兄诸生名甲触阶死，弟左都督名扬被执，不屈死（国朝赐谥烈愍。《纪年》云：母范氏、妻马氏、弟名扬阖门自焚死。兄名甲奉木主自焚死。不著李氏）。内侄职方主事马呈图、兵部司务贡图、参谋顾民楫（《监国纪》作明楫。《纪年》同。入太庙题诗，有"愁魂应傍孝陵归"之句，扼吭死。《胜朝殉节诸臣录》云：顺天人。国朝入祀忠义祠）、监军御史梁隆吉并自刎死。部将焦文（《纪年》作焦文玉），字稚存，山西人，官总兵，舟山破，力战负伤自刎死。妻张氏葬毕，亦自刎。杨复葵，字向昇，亦山西人，官陆师副将，舟山破，其标下挟之降，投水死。计一门三十余人，无一存者。

卷十三 列传十

张煌言 子万祺　甘辉　罗子木　仆杨冠玉

张煌言，字玄箸，号苍水，鄞县人，刑部员外郎圭章子。少时跌荡不羁，常负博进钱，醉卧社祠中，梦神谓之曰："君宜自爱，他日成大事者，君也。"由是感寤，折节读书。崇祯十五年，举乡试，明年，下第归。京师陷，愤不欲生。乙酉闰六月，钱肃乐等举兵，移檄会诸乡老。煌言先至，即遣迎鲁王于天台，授行人，至会稽，赐进士出身，加翰林院编修，改兵科给事中，入典制诰，出筹军旅，颇见其优。绍兴破，泛海入舟山，道逢富平将军张名振扈王入闽，从之。既至，招讨使郑成功以前颁诏之隙，修寓公之敬于王，而不为用。煌言劝名振还石浦，谋再举，加右佥都御史，自立一营，曰平冈军。时黄斌卿守舟山，名振以石浦之军与为掎角。明年春（《小腆纪年》作丙戌四月，《监国纪》同），吴淞提督吴胜兆请以所部来归，斌卿不欲往，煌言劝名振应之，遂监其军以行。抵崇明，大风舟覆，煌言等皆被执，乘间脱归。已诸将杀斌卿，王至舟山，煌言以所部

147

入卫，拜兵部右侍郎。

辛卯八月（《纪年》作九月，《监国纪》同），舟山破，煌言与名振扈王再入闽，次厦门。时滇中已封郑成功为延平王，军容甚盛，不肯奉王。煌言独以名振之军为王卫，时时激发诸藩，使为致贡。然煌言极推成功之忠，尝曰："招讨始终为唐，真纯臣也。"成功闻之，亦曰："侍郎始终为鲁，岂与吾异趣哉？"故成功与煌言所奉不同，而其交甚睦。

癸巳春，会名振之师入长江，烽火逮金陵，江南震动，时上游故有宿约，而失期不至，左次崇明。

甲午，再入长江，故诚意伯刘孔昭以军来会。或以孔昭南都乱臣，宜绝之。煌言曰："孔昭罪与马、阮等，然马、阮再卖浙东，而孔昭以操江亲兵，栖迟海上累年，则其心尚可原也。"

明年，名振卒，遗言以所部归煌言。时王已去监国号，通表滇中，桂王遣使加煌言左侍郎，兼翰林院学士。

己亥，成功与煌言会于天台，悉师北上。六月，成功攻镇江；煌言以偏师薄观音门，乘虚（原作应，以意改）入江浦。会所遣别将以芜湖降书至，乃至芜湖，传檄郡县，大江南北相率来归，其已下者四府三州二十四县。而成功以累捷，又闻江北如破竹，谓金陵可旦夕下。前锋将余新锐而轻，士卒樵苏四出，营垒一空。

北师谍知之，以轻骑袭破前屯，擒新去。成功仓猝移帐，诸营瓦解，其将甘辉（《纪年》云：海澄人）以马踬被擒，死之。军遂大溃，竟撤镇江之师出海。煌言归路已梗，乃引舟归鄱阳。八月七日，与楚师遇而兵溃，焚舟登陆，士卒尚数百人，历霍山、英山，度东溪岭。追兵奄至，士卒皆窜，止一童一卒从，迷失道，乃略土人为导，变服夜行，由枞阳湖出江，渡黄溢，抵东流之张家滩，陆（原作随，以意改）行建德、祁门（原讹山，据《绎史》正）两山之中，由休宁入严州。既而山行，自东阳、义乌出天台，以达海壖。树纛鸣角，散亡复集。遣使告败滇中，且引咎。桂王手敕慰问，加煌言兵部尚书，兼东阁大学士，命仍奉鲁王监国。而成功自丧败之后，不能自振，思取台湾以休士。煌言贻书挽之，谓军有进寸无退尺，今入台，则将来两岛皆不可守，孤天下之望矣。成功不听。

壬寅春，滇中陷。五月，成功亦卒于台。北安抚使以书来招煌言，煌言复书，略言："不佞所以百折不回者，上则欲匡扶宗社，下则欲保捍桑梓。乃因国事之靡宁，而致民生之愈蹙。十余年来，海上乌茭粮糒之供、楼橹舟航之费，敲骨吸髓，言之惨然。况复重之以迁徙，迄以流离，哀我人斯，亦已劳止。今执事既以保民息兵为言，则莫若尽复滨海之民，即以滨海之赋畀我。在贵朝既捐弃地以收人心，在不佞亦暂息争端以俟天命。当与执事从容羊陆之交，别求生聚教训之区于十洲三岛间，而沿海藉我外兵以御他盗，是珠崖虽弃，休息宜然；朝鲜自存，艰贞如故。特恐执事之疑且畏耳，则请与幕府约：但使残黎朝还故土，不佞即当夕挂高帆，不重困此一方也。"

十一月，鲁王薨于金门。煌言泣曰："孤臣之栖栖有待，徒苦部下相依不去者，以吾主上也。今何望乎？"甲辰六月，遂散军于南田之悬岙（《小腆纪年》作悬山岙）。其地在海中，荒瘠无人，山南有汉港，可通舟楫，而其北为峭壁，煌言因结茅居之。北帅惧终为患，募得其故校，以夜半从山背缘萝逾岭而入，暗中执之。七月十七日，至宁波（《纪年》云：十七日被执，越二日至宁波）。北帅举酒属曰："待公久矣。"煌言曰："父死不能葬，国亡不能救，死有余罪。今日之事，速死而已，何必多言？"至杭州，供帐如上宾，自督抚而下，无不敬礼之。浙人赂守者，得睹一面为幸。煌言方巾葛衣，终日南面坐，不言不食，惟啜水而已，见者以为天神。九月七日，临刑赴市，在竹舆中遥望凤凰山一带，始一言曰："好山色。"因索笔赋绝命词数章（《行朝录》载其词云："义帜纵横二十年，岂知闰位在于阗？桐江空系严光钓，笠泽难回范蠡船。生比鸿毛犹负国，死留碧血欲支天。忠贞自是孤臣事，敢望千秋青史传。""国亡家破欲何之？西子湖头有我师。日月双悬于氏墓，乾坤半壁岳家祠。惭将赤手分三席，特为丹心借一枝。他日素车东浙路，怒涛岂必尽鸱夷？""何事孤臣竟息机？鲁戈不复挽斜晖。到来晚节惭松柏，此去清风笑蕨薇。双鬓难容五岳住，一帆仍向十洲归。叠山迟死文山早，青史他年在是非。"又《明季南略》所载二首，诸书所无，备录之。诗云："揶揄一息尚图存，吞炭吞毡可共论。复望臣糜兴夏祀，只凭帝眷答商孙。衣冠犹带云霞色，旌旆仍留日月痕。赢得孤臣同硕果，也留正气在乾坤。""不堪百折播孤臣，一望苍茫九死身。犹挽龙髯空问鼎，姑留螳臂强当轮。谋同曹社非无鬼，哭向秦庭那有人？可是红羊刚换劫，黄云白草未曾春。"），挺立受刑，年四十五（国朝赐谥忠烈）。参军罗子木、仆人杨冠玉殉焉。子万祺，已先三日死镇江。

　　子木名纶，以字行，溧阳人。己亥，煌言师出长江，子木挟策上谒，煌言奇之，欲留之幕，以父老辞，成功因强其奉父泛海。子木至海上，不欲参成功军事，奉父北行，将赴煌言军，猝遇北兵格斗，子木堕水，得救起，而其父被缚去。子木展转闽南，思出奇计以救父，逾时不得音问，呕血几死，复赴煌言军。煌言勉以立功即为报仇，遂相依不去，竟同死。冠玉，鄞人。

卷十四　忠义一

董志宁妻罗氏　子士骏　士骧　仆文周

　　董志宁，字幼安，鄞县人。岁贡生，以名节自励。乙酉六月，北兵入浙，志宁与同里诸生陆宇爔、张梦锡、华夏、王家勤、毛聚奎遍谒搢绅，劝以举义，皆笑以为狂，独刑部员外郎钱肃乐是之，顾其事莫能集。闰六月八日，余姚兵起，明日，会稽应之，又明日，鄞人始会议，肃乐独任之（按《小腆纪年》余姚兵起，系初九日，《鄞县志》则十二日也）。而故太仆谢三宾家富耦国，适从江上迎降归，恶闻其事。定海总兵王之仁，亦以迎降得仍旧任者，三宾私遗书，乞以所部来斩此六狂生，当以千金为寿。之仁许之，既而中悔，致书肃乐，请自效，三宾不知也。望日，大会演武场，之仁出书责三宾，令斩以祭纛。三宾叩头乞哀，请出家财充饷，乃止。

　　鲁王监国，授志宁大理寺评事，视师瓜里，而三宾亦至，以赂结戚畹张国俊，骤跻东阁，志宁遂弃官归。丙戌六月，江干师溃，三宾复降。时浙地尽陷，只存舟

山、石浦，而航海之军至长垣，连取闽海州县，且逼福
州。于是北兵之备浙者，颇抽以备闽，浙中诸山因复结
寨自固。志宁与华夏、王家勤及诸生杨文琦、杨文瓒、
屠献宸、董德钦等谋取宁、绍、台诸府，遣使走舟山，
约黄斌卿，又约义旅之在四明者王翊、在东山者李长祥，
令以兵攻宁波，而己翻城应之。复为三宾所谍知，发其
事。志宁与德钦逸去，而五人皆遇害，所谓五君子也。

鲁王至舟山，迁志宁兵科都给事中，时时奉使入内
地，联络山寨诸军，以为海上策应。辛卯九月，舟山
破，自刎（《明史》《通鉴辑览》《南疆绎史》并作缢）死
（国朝赐谥忠节）。继妻罗氏闻讣，仰药卒。子士骏、士
骧，蹈海不返。仆文周，缟素终身。

华　　夏　妻陆氏玉辰

华夏，字吉甫，一字过宜，号默农，浙江定海人，
后迁鄞。贡生，通乐律。少与同里王家勤同受业于倪鸿
宝，又同学于黄石斋，又同参刘蕺山讲席。杭州破，与
董志宁等佐钱肃乐起兵。鲁王监国，授职方郎中（《鲒
埼亭集》云：授兵部司务，进职方主事）。江干师溃，恸
哭归。戊子，复谋翻城之举（按《行朝录》此举在丁亥二
月），乞师翁洲黄斌卿，许之乃归。而其书为侦者所
得，降臣谢三宾证之，遂被执。当事诘同谋者，夏慷慨

独承曰："心腹肾肠肝胆，吾同谋也。"再拷之，大呼曰："太祖高皇帝造谋，烈皇帝主兵，安皇帝主饷，其余甲申乙酉殉节诸忠，范公景文、史公可法而下，皆同谋也。"当事利三宾之财，亦诬以同谋，令夏引之。夏对曰："若谢三宾者，龌龊鄙夫，反面易行，首先送款，建义之事，何可引之？"三宾在旁，搏颡以谢。夏在狱中，鼓琴赋诗如平日。绝命时，有白光一缕，冲天而去。继妻陆氏名玉辰，知例当发遣，虑有污辱，乃结帨于梁，引颈就缢。帨忽绝，复取结之，须臾而尽。鲁王监国翁洲，赠简讨，门人私谥曰毅烈（国朝入祀忠义祠）。

张梦锡

　　张梦锡，字云生，鄞县人，为诸生，精武事，与董志宁等佐钱肃乐起兵，授兵部司务，擢御史。江干师溃，走结山寨，曰大皎军。庚寅十月（《小腆纪年》作九月），北兵至，梦锡持长矛出斗，杀伤略相当，众寡不敌，遂死。其下五百余人皆从之，无一降者。当战时，有突围而去者三人。异日，有负梦锡尸葬之大皎之南麓者，即此三人也。

王家勤

王家勤，字卣一，号石雁，鄞县人（《小腆纪年》云：定海人）。为诸生，通经术，三礼俱有论说，受业刘宗周之门。与董志宁等佐钱肃乐起兵，授大理寺评事。江干师溃，复谋翻城之举。事泄被执，移狱钱塘，累讯，瞠目无一语，乃杀之。门人私谥忠洁。著有《静远阁集》。

陆宇㷀

陆宇㷀，字周明，号赣庵，鄞县人，右都御史世科子。以诸生与董志宁等佐钱肃乐起兵，授监纪推官。俄进按察副使，仍监军。江干师溃，遁归不出，历十八年，复谋举兵应海上。事泄被执，死之，年五十六。乡人私谥节介。

毛聚奎

毛聚奎，字象来，一字文垣，自号吞月子，鄞县人。贡生，与董志宁等佐钱肃乐起兵，参瓜里幕务，授户部郎中，专司饷事。绍兴破，奔走山海之间，累遭名捕，行遁得免。六狂生之幸得终老牖下者，聚奎一人而已。

屠献宸 妻朱氏

屠献宸，字天生，鄞县人（《小腆纪年》云：定海人），兵部侍郎大山曾孙。以诸生从军，授车驾司（《胜朝殉节诸臣录》作兵部职方）主事。江上事败，角巾归里。戊子，与华夏等同谋翻城之举，事泄被执，死之。监国还军翁洲，赠大理寺丞（国朝赐谥烈愍）。妻朱氏贤而有文，献宸死，赋绝命词而自经。

杨文琦 妻沈氏

杨文琦，字瑶仲，号楚石，鄞县人。唐王临轩，以贡生召对，授惠安训导，寻加监纪推官，视惠安诸军。闽亡返浙，与华夏等同谋翻城之举，事泄被执，不屈死。妻沈氏亦自经。监国还军翁洲，赠兵科给事中（国朝入祀忠义祠）。

杨文琮

杨文琮，字天璧。监国时，以诸生从军，授职方郎中（《小腆纪年》作主事）。戊子，与谋翻城之举，事泄遁去。张煌言托以联络中土事，自是每岁往来海上不绝。癸卯，有降卒自海上言文琮将引海上将赵彪为患，逮至钱塘。叹曰："吾固雁行中漏网也，本可死矣！"赋绝命词曰："凭谁瘗我孤山上，魄是梅花鹤是魂。"遂扼吭而卒。

杨文瓒 妻张氏玉如

杨文瓒，字赞玉，号圆石，鄞县人。崇祯十二年举人。监国初，官御史，力言闽、浙宜合不宜分，时方争开读礼，多不以为然。文瓒乃入闽，又力言当联络闽、浙以为同仇，不当启争端。唐王然之，乃命以掌贵州道，扼防建、延三关；而浙东亡，仙霞告急，唐王出走，乃返故里，与华夏等同谋翻城之举。事泄被执，大呼高皇帝不绝而死（国朝赐谥烈愍）。妻张氏名玉如，工翰墨，文瓒死，以纫联其身首，一恸几绝。遂衣其故时衣服，题绝命词一首，解所佩带，自缢而绝。监国还军翁洲，赠都察院右佥都御史。

杨文球

杨文球，字天琅。鲁王监国，授都督府都事。翻城事泄，二兄皆死，乃之闽，就阁部刘中藻于福宁，令参幕府军事。次年，福宁不守，死之。

董德钦

董德钦，字若思，鄞县人（《小腆纪年》云：定海人），兵部侍郎光宏之孙。以诸生从军，授监纪推官。江干兵败，乃归。戊子，与华夏等同谋，事泄被执，死之。监国还军翁洲，赠兵部郎中。

倪懋熹

倪懋熹，字仲晦，一字煜生，鄞县人。钱肃乐起兵，欲贻书王之仁，而难其使，懋熹请行，事遂定。及划江分守，以职方主事参瓜里军。唐、鲁争颁诏之礼，越使陈谦入闽而死，闽使陆清源入浙亦死，议募一能者，乃以懋熹往，果称旨，令以佥事分守建宁。丙戌，北兵来攻，出战，力不支，死之。时八月十一日也，年三十九。

徐启睿

徐启睿，字圣思，鄞县人，为诸生，负才任气，感愤时事，削发为僧。闻钱肃乐等举兵，乃破关出，投其营。鲁王授锦衣卫指挥，不拜，自称白衣参军。时江上诸营多首鼠观望，无一肯发兵者，启睿乃集其麾下百人，谕以大义，提剑渡江。直薄西岸。北兵以为游骑，亦遣裨将御之，启睿奋剑直前，掩杀过半，城上乃呕出锐师，长围四合，遂被执。谕之降，大骂，乃杀之。

赵　毅

赵毅，字金城，平湖人。尚气节，工武略。尝有百足虫伏其卧处，虽远出数十里，经宿，虫必至，毅心窃喜自负，谓他日必能崛起布衣，于是人皆呼为"赵百足"云。乙酉，南都破，北兵至浙江，鲁王监国于绍兴，毅慨然仗剑从之，授左营游击。率军与北兵战于杭城外，飞炮中首，首已飞去，犹持剑策马大战。北兵大骇，为少却。毅犹单骑驰逐数里，马蹶堕地，乃仆。

李　桐 子文昶　文昱

李桐，字封若，号侗庵，鄞县人。三岁而孤，事两母尽孝。为诸生，不屑数行墨。甲申之变，抗言于诸当事，请发义旅，以待勤王之举。南都亡，呼天大恸，遂得疾，呼祝宗祈死。会浙东举义，钱肃乐等强之起，乃稍稍进食，遣长子文昶从军，授兵部主事，病稍愈。明年六月，绍兴陷，哭曰："吾今定死矣！"疾果作，遂卒，年四十九。门人私谥贞愍先生。

文昶与弟文昱葬父毕，墨缞赴海上，崎岖军旅。文昱亦授户部主事。辛卯，翁洲失守，扈王出海，遭风同溺死。

路国挺

路国挺（《鄞县志》路作骆），字天植，号寒崖，诸暨人，侨居鄞。生有殊才，江东兵起，破家输饷，授职方主事（《鄞县志》云：以奉拥戴鲁王笺得贡士）。为降臣谢三宾所恶，几杀之。绍兴破，三宾复降，国挺晦迹里居，三宾复散流言以激众怒，遂被逮。久之得脱，贫困死。

李文缵

李文缵，字昭武，一字梦公，号礜樵，鄞县人。钱肃乐起兵，文缵以诸生实先从之，授兵部员外郎。江干师溃，悒郁不自得。戊子，豫翻城之难，被讯，不为逊词。在狱中，与同事杨文瓒分赋雁字诗，一月之中，遂成卷帙。明年再讯，再被拷，终不屈，而华夏力任之，乃放归，遨游四方以老。临终，其子问遗言，命取纸笔题曰："众人皆醒，非夫也。"瞑目而卒。所著有《春秋经传纂注》《鹿溪新语》《赐隐楼古文》，并散佚。

杜懋俊

杜懋俊，字英侯，鄞县人（《小腆纪年》云：定海人），世居县东之管江。为诸生，以仗义闻。浙东不守，日夕痛哭，与其叔兆茈及施邦炌聚众三千，刻期举事。谋泄，逻者至，懋俊枭其首，据山立寨，鸣鼓起事，与北兵转战三日。及寨破，懋俊犹以家丁力战，头目中矢如猬，倚墙而毙，尸屹立不仆者数日。

杜兆茈

杜兆茈，字承芝，为诸生，尝以兵法部勒族人，分队瞭野，占圻行夜，间党颊以安堵。沿海诸村亦多仿而行之。寨破被执，大骂不屈，斫其首十二刀而后坠。

施邦炌

施邦炌（《雪交亭集》作玠，《鲒埼亭集》作宗炌，《四明谈助》云：一作宗玠），字仲茂（《雪交亭集》作仲吴），鄞县人，诸生，故都督金事翰子。其先世亦居管江，因以家财佐杜氏募死士，事败，拔先世所遗佩刀自刎，曰："吾不负此刀也。"（《鲒埼亭集》云：事败，纵火自焚。）时称管江三烈士。

魏　耕 李达　杨迁　钱缵曾

魏耕，原名璧，字楚白，甲申后改名，字白衣，又名苏，号雪窦山人，慈溪人，以赘婿侨居归安，遂充归安学博士弟子。国亡弃去，所交皆当世豪侠，苕上起兵亦与焉。事败，亡命江湖，妻子满狱，弗恤也。久之，事解，乃闭户为诗，酷嗜李供奉。己亥，郑成功兵入长江，几下金陵，江南半壁震动，知其谋出于耕，刊章名捕，亡命潜行。癸卯，又以海上降卒至，语连耕，遁入山阴，踪迹得之，至钱塘，抗词不屈，死于菜市。山阴人李达、杨迁经营其丧甚力，亦以是遣戍。

先是，归安诸生钱缵曾与耕善，耕被执，缵曾以兼金赂吏得解。孔孟文者，险人也，从成功军来，有所求于缵曾，不餍，并怨耕，以其蜡书首之，故缵曾亦被杀。

番禺屈大均不可一世，独心折耕诗，尝有诗云："平生梁雪窦，是我最知音。一自斯人死，三年不鼓琴。"

汪涵

汪涵，字叔度，号晦溪，奉化人，诸生，从学黄宗羲，遂参其军事。浙东失守，监国由江门入海，涵随宗羲走四明山中，宗羲偶出，逻卒至焚寨，夜半火起。同里出斗，从烈焰中杀数人，已得出，叹曰："所图不遂，命也，不死，且自取辱！"还斗而死。

张廷绶 李唐禧

张廷绶，字云衢，鄞县人。少喜读兵法，善挽强弓、舞大刀，补武学生。钱肃乐起兵，以骁勇署总统，陈函耀（《鄞县志》作函辉，此疑讹）起兵台州，而以会推留中调度，乃以其兵属之廷绶，奏授都督佥事，统所部还镇台之海门。已而闽中大将李唐禧至，监国以其宿将，使共治军于台。唐禧，故金山卫官，起兵不克，入闽，由闽入浙，廷绶让之，凡署衔列座，必使居己上，而唐禧自以客将，每事皆咨廷绶而行。大兵入台，唐禧谓廷绶曰："公当俟陈公消息，然兵已逼，不如偕我早死，徒杀士卒，无为也。"廷绶曰："诺。"各遣其麾下，袍笏兀坐营门，大兵过其营，谕降，不屈，杀之。唐禧亦被杀，而廷绶眷属之从军者皆死，无一存。

章有功

章有功，会稽农夫也。浙东建义，应募从军，骁锐敢战，以指挥为前锋。华夏等翻城谋泄，大兵急攻东山，有功所将五百人皆具兼人勇，每战必胜。大兵以全力压之，不支被擒，拉胁决齿，垂毙，犹大骂而死。

章钦臣 妻金氏

章钦臣，督师孙嘉绩部将也，以都督司别营火攻事。江上破，钦臣散军亡命，其后以应山寨诸军，事败被执，死之。妻金氏没入旗下，将发遣，大骂不屈，竟磔之。行刑者见氏有姿，不无亵语，氏骂愈甚，刑毕，而其人暴死。氏遂时时降神东越，居民尸祝之。

戴尔惠

戴尔惠，字少峰，鄞县布衣。钱肃乐倡义时，大会城隍庙，尔惠举手一麾，三四千人皆从之，相与拥肃乐赴巡按署，遂举事，以战功封义武将军。江干失守，遁归，其后山寨大起，复出而预之，遂一门殉焉。

卷十五　忠义二

傅　岩 子龄文　龄发　龄熙

傅岩字野倩，义乌人。崇祯七年进士，授歙县知县，被谗去官。鲁王监国，擢江西道御史，为朱大典监军。北兵破金华，与二子龄发、龄熙并死之（《小腆纪年》云：岩还至义乌死。国朝赐谥节愍，子附入祠）。

初，岩之遇祸，刃将及，龄熙年甫十四，以身翼蔽其父，刃著于颐而死。龄发趋救，矢洞右腋，移时复苏，见父、弟已死，遂以手抉其创而卒。长子龄文从外至，得不死，乃奉其母归杭州，藜藿不充，蓬头垢面者，又十余年而终。

王之拭

王之拭（《胜朝殉节诸臣录》作栻），字瞻御，南直武进人，甲申殉难忠臣章子。南都不守，东走至鄞，截江之役，监国令以墨缞任车驾主事，知鄞县事。其制词曰："以汝父之遗爱，望厥子之世忠。"之拭泣而受命，盖章初亦为鄞县令也。已见江上事不可为，辞去入闽，唐王令仍管驾部事。而闽事亦坏，复返鄞。阁部朱大典守金华，招之，之栻乃为之练兵于义乌。兵败，入山中，谋再举，被执（《胜朝殉节诸臣录》云：至永康被执），不屈，死之（国朝赐谥忠节）。

林汝翥

林汝翥，字大葳，号心泓，福清人。万历末举于乡，授沛县知县。天启二年，以击白莲贼徐鸿儒、缉妖人王普光等功，擢御史，巡视京城。忤逆阉魏忠贤，廷杖削籍。崇祯末，起广东琼州道，坐奸民煽乱，贬秩归。福王时，起云南佥事（《小腆纪年》云：起临沅道），已而解职。鲁王次长垣，召为兵部右侍郎，总督义师，与员外郎林垐攻取福宁，兵败被执。谕降，不从，系之。除夕，吞金屑死（国朝赐谥忠节）。

林　垐叶子器

林垐，字子野，号耻斋，汝翥同邑人（《胜朝殉节诸臣录》云：侯官人）。崇祯十六年进士，授海宁知县。南都亡，杭州亦不守，营卒乘机乞饷，环署大噪，垐罪为首者，而如其请。以城孤不能存，引去。唐王时，黄道周（《小腆纪年》云：字幼平，漳浦人，门下士称石斋先生。天启壬戌进士，历官至兵、吏二部尚书，武英殿大学士。乙酉十二月，婺源败绩，被执。明年三月，至江宁，不屈死。赠文明伯，谥忠烈，国朝改谥忠端）督师，请与偕行，以户部员外郎司饷。改监察御史，往谕浙西。行至赣州，以典铨缺人，召还，复改文选员外郎，主铨政（《殉节诸臣录》云：一作左佥都御史）。垄曰：“此润色太平之事，非今日之所急也。”乃辞去。募兵数千人，为郑芝龙所阻。闻王被杀，号痛而返。散兵入山，制棺一具，布衣一袭，书“大明孤臣之枢”以待死。

及鲁王航海至长垣，郡邑响应，福清乡兵请垄为主。垄别其父曰：“儿当死久矣，奉命守海宁，失城池，当死；剿跸不终，当死；岂可再使延命漏刻，以不令之名贻羞父母乎？”遂苴屦负戈，杂徒旅中，与汝翯攻取福宁，身被数创，犹勒兵力战，为流矢中喉而死（国朝赐谥烈愍）。

友人叶子器者，初在营中为北兵所获，使之作书招垄，子器书所作绝命词授之，亦被杀（《南疆绎史》云：二林皆福州人，因攻取福清死）。

俞元良 兄元礼

俞元良，字仲骧（《南疆绎史》云：字绥谷），海宁人。崇祯癸未进士。鲁王监国，熊汝霖以数百人袭海宁，士民迎之者万人。汝霖欲择一人主兵，而绅士持论皆首鼠。汝霖敷陈大义，元良慨然曰："此岂公一人之事，某焉敢独后？"遂以监军兼摄海宁县事。及北兵破城，与兄元礼同殉节死（国朝赐元良谥节愍，兄附入祠）。

周宗彝 妻卜氏 妾朱衣 紫衣 弟启琦

周宗彝，字五重，海宁人，崇祯十二年举人，少受业于吴太冲、章正宸，为人有胆决，尚气节。嘉兴之城守也，宗彝亦集里中少年应之，鲁王授职方员外郎。大学士熊汝霖令守硖石镇，兵溃，赴海死（国朝入祀忠义祠，弟启琦附）。妻卜氏与二妾名朱衣、紫衣者并自缢。弟启琦巷战，力竭亦被杀。

汤 芬

汤芬，字方侯，嘉善人（《胜朝殉节诸臣录》云：一作海盐人）。崇祯十六年进士。福王时，为史可法监纪推官。唐王以为御史，寻以福建参政（《小腆纪年》云：鲁监国擢是职）分守福、兴、泉三府。兴化城破，绯衣坐堂上，被杀（国朝赐谥烈愍）。

林 嵋

林嵋，字小眉，莆田人。由进士为吴江知县。苏州失，归事唐王，官御史（《小腆纪年》云：授给事中）。复事鲁王，为吏科给事中（《胜朝殉节诸臣录》云：一作礼部精膳司员外郎）。兴化破，自缢死（国朝赐谥节愍）。

都廷谏

都廷谏，杭州人。官莆田知县，城破死之（《胜朝殉节诸臣录》云：兴化破，死之。国朝赐谥节愍）。

洪有文

洪有文，官澄海（《胜朝殉节诸臣录》《南疆绎史》并作海澄，《小腆纪年》作漳浦，《监国纪》同）知县，城破，死之（国朝赐谥节愍）。

邬正畿

邬正畿，字王都（《南疆绎史》云：字鸿原），永福人，官兵科给事中。郑彩专政，弃官归里居。城破，赋

169

绝命词，投水死（国朝赐谥节愍）。

林逢经

林逢经，字守一，永福人。以御史里居，城破，投水死（国朝赐谥节愍）。

王恩及妻李氏

王恩及，长乐人。官御史，迁太常（按《小腆纪年》止称御史，未迁是职），里居，城破，服毒死。妻李氏亦死焉。谥忠襄（国朝改谥节愍）。

王　祈

王祈，太仓人。建宁守将，封郧国公。建宁破，巷战不胜，自焚死（国朝赐谥烈愍）。

沈履祥

沈履祥，字其旋，号复庵，慈溪人，大学士宸荃从兄也。登崇祯十年丁丑进士，知侯官、瓯宁二县，有循绩。福王时，上《治安策》，又上《责成疏》，颇见采纳。鲁藩监国，以御史督饷台州，城破，遁之山中。北兵搜山得之，被杀于野。其弟谷祥往求其尸，得其首于桑园，得其身于乱尸中，以服带可据也，乃刓合而葬之（国朝赐谥节愍）。

陈世亨

陈世亨，官中书舍人，为邓藩审理。以一旅复安固，援兵不继，被执，大骂而死。

卷十六　忠义三

高　岱子朗

　　高岱，字鲁瞻，号白浦，会稽人。崇祯中，以武学生举顺天乡试，被黜，久之，辨复。鲁王监国，授职方主事。及绍兴失守，慨然曰："上恩厚矣。国家文武异途，重文轻武，占毕小生持议庙堂，而戮力疆场者指为粗人，以致寇盗充斥，不能抗御，神州陆沉，职是故也。我本武学，得授文职，逼侧抢攘，无益毫发，尚不能以一死报国乎？刘蕺山，吾乡先生也，吾当师之。"即绝粒祈死，其子诸生朗坐守之，阅八日，知父意不可回，泣拜父前曰："儿请先之。"乃携巾服，泛小舟，绐舟子出海祷神，去岸远，北面再拜，跃入海中。舟子急挽之，啮舟子臂，始得下，舟子又入水救之，捽其巾，朗跃出水面，正巾而没。岱闻之，曰："儿果能先我乎？"自是，不复言，又阅数日而卒（国朝赐谥节愍，子附入祠）。

叶如葎妻王氏

　　叶如葎，字衡生，会稽人。崇祯三年举人。鲁王监国，

172

与同里高岱同授兵部主事，每会食，相与抵掌言忠孝事。绍兴破，与妻王氏出居桐坞墓所。岱送之曰："君殆隐于是乎？"如楫曰："非也，我无城守责，死于墓耳。"遂与王氏并赴水死（国朝赐谥节愍）。王以被救免，次日复死之。

徐复仪

徐复仪，字汉官，号雪潭，钱塘人（《小腆纪年》云：上虞人）。崇祯癸未进士。福王立，授刑部员外郎。明年，主试云南，行数日而南都陷。归事鲁王，加翰林院编修。辞曰："侍从文墨，所以润色太平也。今戎马日逼，臣不得驰驱疆场，为陛下负弩矢，猥赐臣清燕，死无以塞责。"不报。未几，浙东破，归家拜父母，别妻子，泣奔蹲山，投空谷中，虎豹触之，不为怪。一日，大风雨，昼晦，传闻兵四合，乃曰："吾命尽矣！"遂扼喉死（《纪年》云：投崖死。《监国两节诸臣录》云：拒抗死）。待旦而父始至，持其首而泣，目尚张，父曰："儿得死所矣！"乃瞑（国朝赐谥节愍）。

唐自彩 妾某氏　侄偕豫

唐自彩，字西望，四川达州籍，江宁人。崇祯末，以贡生官临安知县，有循声。杭州失守，自彩与侄偕豫逃山中，有言其受鲁王敕，阴部署为变者，遂被捕获。北帅谕之曰："我知汝贤吏，故不加兵，行且荐于朝矣。"自彩曰："士各有志，安用相强？"北帅曰："独不念少妾、幼子乎？"自彩曰："大丈夫岂以子女易大节？"卒与侄偕死（国朝赐谥忠节）。其妾大呼愿从死，亦杀之。偕豫字敬子（《南疆绎史》偕作阶，子作之），亦贡生。唐王赠自彩太常寺少卿，偕豫太常寺博士。

王玉藻 姚亦方

王玉藻，字质夫，号螺山，南直江都人，司勋郎纳谏子。崇祯癸未进士，授慈溪知县，有异政。甲申国变，哀号求死，家人劝之乃止。南都继陷，与沈宸荃共起兵，进御史，寻以兵科都给事中往军前，而江上诸帅恶其任事迈往，壮气勃然，皆不予饷，乃力请还朝。在垣中持正，又不为诸臣所喜，乃力求罢，不许。及绍兴失守，王走海岛，玉藻仰天大恸，跃入池中，复为家人所救，得免。遂隐居不出，终身不剃发，不改故衣冠。一夕，忽作绝命词曰："半生辛苦泣孤臣，剩得干干净净身。四大既崩神失散，这篇草稿付谁人？"掷笔而逝（《小腆纪年》云：辛卯后归故乡，以饿死），年六十六。

玉藻为令时，首拔童子姚亦方，国亡后，亦弃衣巾来依玉藻，往往无人时，师弟相对悲啼，久之成癫疾。每一动念，疾辄作，作则踊跃踬跑，绕屋而泣，竟以癫死。

周元懋

周元懋，字柱础，一字德林，鄞县人，文穆公应宾从子。以文穆荫，官南京右军都事、工部屯田郎中（原作屯部郎中，以意改）、知贵州思南府，丁艰未赴，而京师陷。江东建国，钱肃乐等招之，固辞不出，而破家输饷不吝。丙戌六月，江上失守，恸哭自沉于水，以救得苏，乃披剃为僧，日夕纵酒，呕血而卒。

周元初

周元初，字自一，号立之，文穆公应宾从子。文穆无子，抚以为子，少负大略，所交皆忠义士。江东建国，罄家财以输饷。钱肃乐以文穆遗恩，奏授郎署，不受，遂以白帢从军。绍兴破，行遁深山以死。

倪懋楷

倪懋楷（《鲒埼亭集》作元楷），字端卿，与懋熹同族。同起江上，授大理寺评事。事去归家，以不剃发被执，论死下狱。其母遣人携酒入狱，饮之醉，熟睡，尽去其发。醒而秃矣。痛哭欲自裁，旁人以母命止之，得免。

朱养时

朱养时，江阴人。官兵部郎中，兼礼科给事中。舟山破，抗节死（国朝赐谥节愍）。

董广生

董广生，□□（原阙）人，官御史，舟山破，自焚死。

杨鼎臣

杨鼎臣，字思任，鄞县人，官吏部文选司主事。舟山破，先驱妻子入井，乃从之。

林 瑛 妻陈氏

林瑛（《胜朝殉节诸臣录》云：一作之瑛），字玉之（《南疆绎史》作玉英），福建人，官吏部主事。同母、妻、女及婿五人航海入浙，婿随郑彩去，瑛至健跳所，母死，贫甚，妻陈氏及女为人纫衣给食，已而女死。及舟山破，瑛与陈氏并自缢（国朝赐谥节愍）。

江用楫妻某氏

江用楫，苏州人。官户部主事，舟山破，殉节死（国朝赐谥节愍）。妻□（原阙）氏亦自尽。

董　玄

董玄，会稽人。官礼部祠祭司主事。舟山破，自缢于学宫（国朝赐谥节愍）。

张家璧

张家璧，□□（原阙）人。官礼部仪制司主事。舟山破，自投城下，未死，被执。劝之降，不从，乃杀之。

朱万年

朱万年，福建人。官兵部主事（《胜朝殉节诸臣录》一云职方员外郎）。舟山破，死之（国朝赐谥节愍）。

顾　珍

顾珍，长洲人。官兵部主事。舟山破，死之（国朝赐谥节愍）。

李开国 母某氏

李开国，临水卫人（《南疆绎史》作临山卫人）。官职方主事。舟山破，死之（国朝赐谥节愍）。母□（原阙）氏亦自缢。

顾宗尧 母某氏

顾宗尧，长洲人（《胜朝殉节诸臣录》一云宁波人）。官工部主事。舟山破，同母死之（国朝赐谥节愍）。

顾玢　江中汜　陈所学　顾行　翁健

顾玢、江中汜、陈所学、顾行、翁健（《小腆纪年》云：顾玢、陈所学，山阴人。《南疆绎史》摭遗云：陈所学字顾行，无江中汜、翁健名），并中书舍人。舟山破，皆死之。

戴仲明

戴仲明，鄞县人。官工部营缮所所正。舟山破，殉节死（国朝赐谥节愍）。

章有期

章有期，□□（原阙）人。官太医院院副。舟山破，自焚死。

刘世勋

刘世勋，字胤之，南直上元人。崇祯末，以武进士历官都督佥事，助防翁洲，黄斌卿不能用。监国驻师，进安洋将军。辛卯八月，大兵分道下舟山，张名振奉王出海，而世勋城守。世勋料简城中步卒尚有五千，麾下死士五百，居民助之，乘城而守。大兵屡攻屡却，乃益兵攻之。城陷，世勋朝服北面望海拜谢，自刎而死（国朝赐谥烈愍）。

王朝相

王朝相，大兴人。官锦衣指挥。舟山破，护元妃陈氏、贵嫔张氏、义阳王妃杜氏入井，用巨石覆之，即自刎其旁（国朝赐谥烈愍）。

刘　朝

刘朝，□□（原阙）人，内官监太监。舟山破，视宫眷入井毕，即自刎其旁。

卷十七　忠义四

张　梿

张梿，字子隆，号四岑，鄞县布衣。性坦率，敦伦纪。国变后，日咄咄，会剃发令下，闭户坐室中，取酒独酌，摩其顶而叹曰："彼曲局者，恶可以兵之乎？"乃往灶下，得炭满瓮，和以木屑，置床下爇之，投身其上，覆以重衿。时方盛暑，俄顷，酒力坟盈而绝。舁尸出，已绀色矣。丙戌六月二十日也。

倪文徵

倪文徵，字舜平，山阴人。以布衣为蒙师，兼通医术。绍兴破，市酒肴饮里中少年，求办一事，有诺之者，偕至墓所，命掘坎自瘗。众骇欲散，文徵恚甚，曰："此何事，可误我乎？"或尼之曰："死，义也。今某某等皆不死，汝一医生何自苦？"文徵曰："人各行其志，惟诸公玉予于成也。"一人曰："岂可使土亲肤乎？"以二缸赠之，埋于坎中。文徵趺坐其内，命覆之，封其隙。众环坐窃听，微闻其声，逾三时而寂（国朝入祀忠义祠）。

朱 玮

朱玮(《小腆纪年》作炜),字鸿儒,山阴人。诸生(《南疆绎史》称布衣)。北兵至浙,避家梅里尖;江上师溃,人皆窜伏,玮痛哭不已,曰:"此日而生全,归之谓何?"乃书绝命词二语于几上,潜往礁石,跃水死。家人遍觅不得,见遗语,始知其赴难也。年甫二十四(国朝入祀忠义祠)。

邹钦光

邹钦光,瑞安人。诸生(《明季南略》光作尧,字维则,永嘉人,郡庠生)。绍兴破,溺死(国朝入祀忠义祠)。

邹之琦

邹之琦,永嘉人。诸生。绍兴破,投水死(国朝入祀忠义祠)。

张君正

张君正,浦江人。诸生。郡城破,自缢于明伦堂(国朝入祀忠义祠)。

傅日炯_{族父平公}

傅日炯，字中贡，诸暨人。为诸生，与其族父平公同受业刘宗周之门。江干师溃，两人相谓曰："吾辈义固当死，然俱有老母在，亦惟白于老母，许死则死耳。"平公白于母，不许；日炯白于母，许之，遂赴湄池死。平公乃养日炯母终身（国朝赐日炯入祀忠义祠）。

赵景麟

赵景麟，鄞县人。诸生（《明史》作布衣），寓居绍兴。江上师溃，整巾服，怀所作文，走谒文庙，拜先圣毕，赴泮池死（《鄞县志》：赵景麟字天生。盖一人，无赴泮池事。《小腆纪年》云：投泮池不死，后绝食死）。

赵天生

赵天生，鄞县人。为诸生，有节概。丙戌六月，江上失守，题诗案上曰："书生不律难驱敌，何处秦庭可借兵？只有东津桥下水，西流直接汨罗清。"竟往城东，跃入江水，渔人救之，异还，不食不语。乃强舆入太白山，欲令食，不可，则为谬语以慰之。或曰李侍郎长祥克绍兴矣，或曰翁洲大将黄斌卿将奉监国来恢复矣，或曰石浦大将张名振奇捷矣，或曰四明山寨下慈溪矣。天生闻之，即进食。如是者半年，谬语渐穷，而天生病亦稍愈。间出山中，问樵子辈以近事，则循发示之曰："天下大定，更何问焉？"天生大恸踣地，更不复食，竟饿死。乡人私谥节愍先生（国朝入祀忠义祠）。

周 西

周西，字方人，定海卫人。丙戌六月，绍兴破，年仅二十六也，叹曰："杨铁崖称老寡妇，今其时矣！"遂弃举业，训蒙养母，所著诗古文曰《痛定集》。尝与友人书曰："今日所断不可当者，妄欲以义士自欺也。夫何地非我朝之土，何人非我朝之民，又何仓廪非我朝之粟？不必为首阳顽民以自表异也。所谓义士者，当为蹈海之鲁连争帝暴秦，奋臂之陈涉特起发难，张良之报仇，翟义之讨贼，骆宾王之草檄，谢枋得之却聘而死；否则如陈咸之闭户不出，梅福之逃吴门为市卒，陶潜之终身为晋处士。此虽不得志于今，亦当知重于后，而我皆未能也。其敢侈谈义士乎？"此书盖其自道云。

张成义

张成义，字能信，慈溪人。有异材，为诸生，受业刘宗周之门。江干师溃，起兵不克，行遁不返，莫知所终。

赵 甸

赵甸，字禹功，会稽人，少极贫，学㠓以养亲，艺绝工，时称为赵孝子。长游刘宗周之门，得其学。丙戌后，有高节，隐于缁，时卖画以自给，世所称壁□□（原阙二字）士画者也。晚讲学偶山，即宗周少时读书地。

叶尚高

叶尚高，字而立，乐清人，温州府学生。乱后佯狂，幅巾大袖行于市，太守见而执之，赋诗云："北风袖大惹寒凉，恼杀温州刺史肠。何似蜉蝣易生死？得全楚楚好衣裳。"太守释之，不问。丁亥二月上丁，携水一杯、采芹一束，乘太守未释奠，哭于孔子之庭曰："吾师乎，吾师乎，纵泰山之已颓，曾林放之不如乎？"太守至，怒系之狱。迨五月四日，语狱卒曰："诘朝屈大夫沉湘之日，吾其死夫。"俾具汤沐，至明自经。（《明季南略》云：字而栗，永嘉县学生，狱中和《正气歌》，有"未吞蒲酒心先醉，不浴兰汤骨已香"之句，饮药痛骂死。）

朱锡龄

朱锡龄，字元序，上海人。诸生。己酉，松江破，偕华亭萧宾侯渡海而南，寓舟山僧寺。舟山破，死之。

娄文焕

娄文焕，字长明，象山人。诸生（《监国纪》作贡生）。舟山破，痛哭，具衣冠别亲族，拱坐海边沙上，潮至，随水涌去。越数日，其尸复随潮至，颜色如生，远近惊以为神。张名振在石浦闻之，来临哭焉（国朝入祀忠义祠）。

林世英

林世英，福建人。诸生。舟山破，殉节死（国朝入祀忠义祠）。

陈瑞芝 母李氏

陈瑞芝，定海人。诸生。北兵围舟山，其母李氏，嫠也，密纫衣上下，连为一，曰："吾苦节十余年，不可使人见吾体。"及城陷，即跃入井中死。瑞芝仓皇自外至，闻母死，亦自缢。李年三十六，瑞芝甫十七也。

周　容

周容，字茂三，号鄮山，鄞县人。为诸生，受知黄宗羲，能诗，善书画。沧桑之际，尝渡蛟门脱友人之厄，几死不悔。足迹遍天下，所至皆有诗。康熙己未岁，有欲以博学鸿词荐者，叹曰："吾虽周容，实商容也。"遂止。所著有《春酒堂集》。

朱金芝

朱金芝，字汉生（《甬上续耆旧传》云：一字晓庵），鄞县人。少从黄道周游，得其易学。甲申之变，方在北都，削发南归，自号忍辱道人。流滞白门，又遭兵祸，遂往来英、霍诸山寨及太湖军中，几死者数矣。既知海上之局，始返里门，亦牵连被捕。亡命深山，久之，喟然袯被长往。或云直抵辰沅，客中湘王幕，中湘殉节（按《小腆纪年》：何腾蛟湘潭殉节，赠中湘王，谥忠烈），不知所终，或云曾入滇中，崎岖扈从，卒死王事；或云投郧阳山中为道士，不可得而详也。所著诗集二十余种，皆散佚不传。

纪五昌

纪五昌，字衷文，鄞县人。性倜傥，不欲以经生自位置，所与游多奇才剑客，受业钱肃乐之门。肃乐航海死于闽，家人不知五昌所在。月余而返，乃知为哭肃乐入闽也。卜居太白山中，足迹不入城市，自言年六十二当终，已而果然。

赵自新

赵自新字我完，太仓人。四岁失足堕井，家人引绠出之，无怖色。年十一，从父观射，飞矢中股，医者治之，出镞，色不变。丧母家贫，身执厮养役，而勤学弗辍。崇祯十二年，举于乡，父老，思就禄养。十六年，需次京邸，忽心痛，遂归，父果病剧。乙酉，诣州守请给僧牒，微服出行，祝发于松江之会龙庵，旋隐嘉定之封家村。既而有谢姓者，告以应舟山之招，自新谢之。及事泄，逮者至门，自新与弟方弈，徐敛手就缚，曰："吾久办此矣。"械至松江，绝食数日，不死，复械至江宁。时主谳者为洪承畴，自新昂身前对曰："身为故国遗民，岂尝须臾忘死哉？顾有志无其事，徒负虚名，窃用为愧。"复鞫谢姓者，卒无实，得释归。旬日卒，年五十三。临终，谓其子曰："吾生无益于世，殁后题墓石曰'明乡进士愤道僧赵某'，愿足矣。"著作甚多，陈瑚、陆世仪皆其弟子。

卷十八　遗民

于　颍

　　于颍字颍长，号九瀛，金坛人。崇祯四年进士，由工部员外郎历知顺德、西安二府，罢归。福王立，起知绍兴府，分巡宁绍台道。南都亡，北兵至杭，颍密募兵举义。北帅使人以榜至，颍执之，焚其榜，鸣鼓会众，誓于都亭，以五百人夜赴固陵。北兵在西岸，未之知也。乃冲潮径渡，尽驱西岸之船而东，至中流，北兵始知之，无所得船。颍军上东岸大噪，遂画江而守。一军扼潭头，一军扼桥司，一军扼海门，一军扼七条沙。北兵拽内河船百余，江干又扎木排填土，拟东渡，颍复遣死士沉其舟。会西北风起，木排飘向东岸，各营得勾致以为用。颍谓诸将曰："杭已有重兵，攻之不易，莫若于下流由桥司入海宁、出海盐以通震泽，上流由潭头入富阳、通余杭以扼独松关。昨闻海宁兵已起，而富阳尚为北人所据，不可坐视。"乃遣人夜袭之，遂通余杭之道，于是方国安得驻七条沙。江干立国，北兵所以不能遽渡者，以颍之取富阳也。鲁王至越，擢按察使，行巡

188

抚事，寻进右佥都御史，督师。当是时，正兵义兵，争地争饷，内外交讧，颖以守土臣悉力支拄，而方、王诸将终恶之。三疏乞休，不许。丙戌六月，北兵至，列戍皆溃，王航海去，颖扈从不及，乃由海道还京口，黄冠以终。

林时对

林时对，字殿飚，号茧庵，鄞县人。崇祯十三年进士，年未冠也，授行人。性恬淡，尝曰："士人若爱一钱，即不值一钱。"丁艰归。福王立，起吏科都给事中（《甬上续耆旧传》云：福王监国，召为御史。《鄞县志》据庄元辰奏疏，亦作御史），为阮大铖所恶，罢归。鲁王监国，迁太常寺卿，佐孙嘉绩幕事，力主渡江。熊汝霖之下海宁，时对实赞之，擢都察院右佥都御史。逾年而绍兴陷，遂归。又十八年而卒。所著《茧庵逸史》，皆纪国难事。

李长祥

李长祥字研斋，四川达州人。生而神采英毅，喜谈兵。是时献贼纵横蜀中，长祥练乡勇，躬擐甲胄，以助城守，贼中皆知其名。崇祯癸未，成进士，授庶吉士。

同里薛国观方为首辅，欲引为私人，拒之。

京师陷，南奔，改监察御史，巡浙盐。而南都又覆，乃起兵浙东，鲁王加右佥都御史，督师西行。而七条沙之兵又溃，王浮海，长祥以余众结寨上虞之东山。时浙东诸寨林立，顾无所得饷，四出募输，居民苦之，独长祥与张煌言、王翊且屯且耕，井邑不扰。戊子，监军华夏为长祥联络布置，请引翁洲之兵，合诸寨以下西陵，议奉长祥为盟主。刻期将集，而降臣谢三宾告之，大兵急攻东山，长祥匿丐人舟中，遁至奉化依王朝先。朝先亦蜀人，得其资助，由健跳所入舟山，加兵部左侍郎，兼官如故。

辛卯，舟山破，亡命江淮间，大兵得之京口，安置江宁，羁守之。长祥忽娶一妾，朝夕甚昵，守者谓长祥有所恋矣，稍懈，而长祥竟遁去。由吴门渡秦邮，走河北，遍历宣府、大同，复南下百粤，与屈大均处者久之。天下大定，始居毗陵，筑读易台以老焉。著有《天问阁□（原阙）》四卷。

黄宗羲

黄宗羲，字太冲，号南雷，余姚人，忠端公尊素子。为诸生，受业刘宗周，学行醇备，家祸国难，备尝艰苦。北兵入浙，孙嘉绩、熊汝霖等以一旅之师，画江而守，宗羲亦合子弟数百人，随诸军于江上，人呼之曰世忠营。授职方主事，改御史。总兵陈梧自嘉兴之乍浦浮海至余姚，大掠，职方主事王正中署县事，集民兵击杀之，乱兵大噪，有欲罢正中以安诸营者。宗羲曰："借丧乱以济其私，致干众怒，是贼也。正中守土，即当为国保民，何罪之有？"寻以宗羲所作监国鲁元年《大统历》颁之浙东。马士英在方国安营，欲入朝，朝臣皆言其当杀。熊汝霖曰："此非杀士英时也。"宗羲曰："诸臣力不能杀耳！春秋之孔子岂能加于陈恒？但不得谓其不当杀也。"汝霖谢焉。又谓诸将曰："诸公何不乘机决战？由赭山直趋浙西，而日于江上放船鸣鼓，攻其有备，盖意在自守也。然蕞尔三府，以供十万之众，一年之后，恐不能支。"闻者皆是之，而不能用。

张国柱之浮海至也，诸营大震，廷议欲以伯爵饵之。宗羲曰："若是，则奖乱也，何以待后？"乃署为胜虏将军，始去。

与太仆陈潜夫，尚宝朱大定，主事吴乃武、查继佐及正中等谋会师，由海宁以取海盐，因入太湖以招吴中豪杰，而江上师溃，乃入四明山结寨自固。

己丑，闻王在海上，乃与都御史方端士赴之，擢右佥都御史，进左副都。时方发使拜山寨诸营官爵，宗羲言诸营之强莫如王翊，其乃心王室，亦莫如翊，诸营文臣辄自称都御史、侍郎，武臣自称都督，其不自张大亦莫如翊，宜优其爵，使之总临诸营，以捍海上，遂拜翊右佥都御史。而是时诸帅之悍，甚于方、王，宗羲既失兵，日与尚书吴钟峦坐船中讲学而已。

是冬，命澄波将军阮美使日本，以兵部右侍郎冯京第及宗羲监其军以行，至长崎岛，不得要领而还。久之，以母老乞归。

黄宗炎

黄宗炎，字晦木，一字立溪，人称鹧鸪先生，余姚人，忠端公次子。崇祯中贡生。画江之役，兄弟步迎监国，事败入四明，参冯侍郎京第军事。冯军败，隐于白云庄。乱定，游石门、海昌间，卖画自给。画宗小李将军、赵千里，工缪篆，又善制砚。所著有《周易象词》《寻门余论》《易图辨惑》诸书。

陈希友

陈希友，字孝兼，长乐人。举人，官兵科给事中。郑彩杀熊汝霖，特疏参之，不纳。知不为彩所容，乃缴印披剃去。

熊曰绘

熊曰绘，字遁木，黄州人，督师文灿子。官兵科给事中。与同僚陈希友同劾郑彩，草疏送督臣钱肃乐，肃乐浩叹，劝其火之。曰绘大恸，竟自去。尝有诗云："一身如洗惟存发，两手无成剩有心。"

任廷贵

任廷贵，籍贯未详。官太常卿。舟山破，从王航海至厦门，寻至金门。壬辰九月，奉命北上，至北茭洋舟覆，得救，遂剃发为僧。有诗云："还将不二证西归，未遂黄冠即衲衣。力任四十余年事，痴担六十七年非。翩翩野鹤随云适，点点寒梅斗雪霏。勘破瞿然成正觉，澄潭明月自相依。"盖亦志节士也。

沈崇埁

沈崇埁，字宇昆，慈溪人，大学士宸荃族弟。崇祯十六年进士，授金坛知县。其父手书"忠君爱国，勿玷清白家声"十字付之。鲁王监国，擢兵部主事。绍兴破，弃官耕于野。顺治庚寅，黄陂王尔禄为巡海道，以同年生，屏车骑至海滨访之。崇埔称病不起，尔禄徘徊门外，久之，乃长叹而去。

周齐曾

周齐曾，字思沂，鄞县人。崇祯十六年进士，授广东顺德知县。邑故多盗，齐曾捕得其魁，置之辟，向之为逋逃主者，乃中以飞语，遂罢归。鲁王监国，起给事中。绍兴破，痛哭入山，结茅为庵，托于禅以自晦，更号囊云，裹足不入城市。顺治庚寅，王尔禄为巡海道，以同年谊，屡致书，冀其一见，终不至。所著诗文清高旷逸，绝去烟火，没后，乡人钦其高风，私谥曰贞靖先生。

高宇泰

高宇泰，字元发，又字虞尊，号蘖庵，鄞县人。父斗枢，官陕西巡抚（《鄞县志》云：以斗枢为汉中巡抚，未到任）。宇泰少负才名，乙酉六月，从钱肃乐等起兵，监国手谕奖之，谓不愧江东乔木，授兵部武选员外郎。寻以奉使过里门，而江上陷。时斗枢尚在陕（《鄞县志》云：六月之役，斗枢尚在鄞），而陕已内附，乃间道来归，父子并豫海上事。丙戌冬，蜡书自海至，谍者得之（四字据《鲒埼亭集》补），遂首被捕。戊子夏，华、王事泄，再被囚系。辛卯，几复株累，仅而得免。壬寅之逮，尤为震撼，虽幸得保，而家已破矣。所著有《雪交亭集》。雪交亭者，张肯堂翁洲所寓也，宇泰爱之，故取以名其集。

卢若腾

卢若腾，字闲之，号牧舟，福建同安人。崇祯庚辰进士，召对称旨，即授宁绍台道金事。剔奸弊，抑势豪，风裁凛然。与宁波知府陆自岳平奉化奸民胡乘龙之乱，闾井晏然。京师既陷，南都命以都御史抚凤阳，未行而南都又亡，闽中拜兵部尚书，抚军永嘉。甫至而事势已瓦解。徘徊镇下关，浮海至翁洲，间行入大兰诸山寨，父老壶浆上谒，若腾垂涕而遣之。及海上之局，一时同袍泽者，并极莫逆诸人沦丧殆尽，独与张煌言同事最久，竟依郑氏以终。

沈文光

沈文光（《鄞县志》作光文），字文开，号斯庵，鄞县人。以明经贡太学。豫于画江之役，授太常博士。浮海至长垣，再豫琅江诸军事，擢工部郎中。闽师溃而北，扈从不及。闻粤中方举事，乃走肇庆，迁太仆寺少卿。由潮阳航海抵金门，当事以书币招之，文光焚书返币。及郑成功克台湾，遂依之以终。所著诗文甚多，皆赋台湾风景。

朱宪宗

朱宪宗，一作显宗，字阆生，昆山人。以岁贡授丹阳训导，丁内艰归。福王时，起补衢州府西安训导。南都陷，逃兵败将所至蹂躏，而衢当其冲。鲁王命西安令守衢，而以宪宗摄县事，抚辑兵民，劳绩甚著。明年，授监军理刑，专司饷事。转饷开化。北兵至，被执，谕之降，不从，杀五弁相胁，终不动。械致金陵，意必死矣。有故交以百口保之者，放还开化。时衢犹未下，守将知宪宗不屈而还，请共事，宪宗谢以病。衢兵复开化，强之安抚，甫三日而衢破，遂归。久之，卒于家。

徐 桐

徐桐，字古木，嘉兴人。有臂力，善射，挽两石弓，百发百中，工击剑，能飞斩人头百步外，通诗古文词，人目为文武才。绍兴建国，当事荐为游击将军，率军守嘉禾。城破，遂入太湖。后剃染为僧，号木头陀，以岐黄术终其身。

冯元飚

冯元飚，字沛祖，慈溪人。天津巡抚元飓、兵部尚书元飚弟，以五经中崇祯十六年进士。死于海外，年三十二。

董守谕

董守谕，字次公（《浙江通志》），父世登性至孝，工诗，为诸生，有名（《甬上耆旧传》）。守谕秉资耿介，不俯同流俗（《浙志》），少受业于黄道周，讲学大涤山中（全祖望《揽兰集》题词），读书讨古，穷极幽远（《浙志》）。倪元璐见其文，大称赏之（题词）。天启四年，举于乡，与翁鸿业、姜思睿齐名，所谓浙东三俊也（《南疆绎史》）。七试南宫不第，而学日进，名日盛。

东江初建，尚书李白春荐守谕，授户部贵州司主事（《续耆旧传》）。时分饷分地之议起，分饷者，以孙嘉绩、熊汝霖之师谓之义兵，食义饷；以方国安、王之仁之师谓之正兵，食正饷。正饷，田赋所出，义饷，劝分无名之征也。分地者，某正兵支某邑正饷，某义兵支某邑义饷也。鲁王令会议，方、王司饷者皆至，殿陛哗然（《鲁纪年》）。守谕厉声进曰："公等今日所为何

197

事，而不为咫尺天威地乎？”乃面奏："分饷分地，非也，当以一切正供悉归户部，核兵而后酌给之。所谓义饷者，虽有其名，不可为继，是散遣义兵之别名。"王以为然（黄宗羲撰《墓志》）。方、王诸将不可，户部主事邵之詹乃调停之，卒从原议。守谕叹曰："江上从此溃矣（《续耆旧传》）！"无何，王之仁请税渔舟，守谕谓其客曰："今日所恃者人心耳。料（谨案《续耆旧传》作科）及渔舟，其细已甚，民弗堪也。"之仁又请塞鄞之万金湖为田，又请行税人法，又请官卖大户祀田，三疏既上，兵士抽刃守谕门以待覆。守谕疏言湖不可塞，祀田不可官卖，税人必至激变。之仁大怒，谓："行朝大臣尚不敢裁量幕府，何物竖儒，乃尔事事中格乎？"上言："得孟轲百，不如得商鞅一；得谈仁讲义之徒百，不如得鸡鸣狗盗之雄一。"遂折简召守谕。王虽惜守谕，不能为力，阴使避之。守谕慷慨对曰："命吏生死听于主上，非之仁所能专，臣归死上前，之仁能以臣血溅丹墀则可。"举朝忿忿，皆言若之仁杀饷司，直反耳，何名义师？之仁亦迫于大义而止。

丙戌三月十九日，思宗大祥，廷议寂然（墓志）。守谕乃上疏曰："臣闻忠孝节义，由于朝廷之激厉；濡忍偷安，由于志气之卑昏。故举一事而能令臣民上下有悲愤振肃之状，动一念而能令天地祖宗有式灵感格之忱，《萃》《涣》合离，全藉此道。设人主于终天大恨，置之若遗，履之若忘，则士气不作，士气不作，则兵气不扬。无论无以恢复，亦无以立国也。臣痛忆先帝焦劳十七载，无一日不思治求贤，无一日不筹兵办寇，奈庸臣误国，顿遭千古未有之惨。凡有血性，忍忘先帝身殉社稷之烈乎？臣去年穷居，值此时日，北望一哭几绝。痛恨南都臣子，若遗若忘，何怪忠孝节义扫地殆尽也？今臣靦颜部曹，皆先帝培养之余泽，惊心岁月，当遗弓抱恨之春秋。游魂未返，陵寝安存？真一回思之一断肠矣！宋高宗每正月朔日，率百官遥拜二帝，不受朝贺。今主上仁孝性成，百倍高宗，刻刻不忘报仇，则刻刻不忘先帝，刻刻不忘恢复，则刻刻不忘三月十九日。今年是日，即鲁监国元年追思泣血之首一日也。臣请躬率臣民，遍谕各藩军士缟素哭祭。每岁定以为制，使人人切齿怒号，庶君父大伦，从此振起。然后昊穹悔祸，神人共助，报不共戴天之仇，而建中兴复古之烈也。"王著礼部传示，速为举行（《甬东正气集》）。

杭人陆培、王道焜并殉节，廷议赐谥，不及道焜。守谕争曰："两人同死，何由分其优劣？岂以道焜非进士乎？今进士而卖国者，累累也。"道焜乃得谥节愍。王累欲迁守谕官而难于代者，命兼经筵日讲。

江东内附（墓志），守谕遂行遁江浒，朝夕涕洟。有慰之者，辄告之曰："吾不能与汪长源、陈木叔同逝，尚何颜立人世？"其为诗歌，遍哭所知之死国者，淋漓悲凄，令人不能自胜。是时海上未靖，柳车从亡，日在岛屿之间，守谕不惜倾家助之，以是尽落其所有（《续耆旧传》）。

一日，翁洲破，相国张肯堂之孙俘入，欲还里，无有为之保者。守谕曰："此吾事也。"入言于监司。守谕之干涉当道者，惟此而已（墓志）。

晚年，困守一庐，苦心易学，聚古今言易数十家，考其异同，有得即抄之，积以成帙（《曹志》）。甲辰卒，年六十九。县令张幼学赴吊，叹曰："名可得闻，身不可得见也（《续耆旧传》）。"子道权（谨据《鄞县志》补）。

王正中

王正中，字仲捴，直隶保定人。登丁丑进士第，未谒选，索游于高唐。州守以为银杠旦晚是敌物，不如以此鬻城，免士女屠戮流离之苦，立要约，使与议者押字，仲捴与焉。事平，转运者上失物状，于是逮高唐守及仲捴论死。系狱数年，刑科给事中李靖理而出之，降补扬州照磨，移知长兴县。

国变后，失官，避地于绍兴。截江时，以兵部职方司主事摄余姚县事。是时公私赤立，剽夺为豪，市魁里正，朝得札付一纸，暮便入民舍根括金帛，系累丁壮，郡县不敢向问为某营也。仲捴设兵弹压，各营取饷，必使经由于县，品核资产，裁量以应之，非是则为盗贼。总兵陈梧败于槜李，渡海至姚，虏掠乡聚，仲执遣兵击之，乡聚相犄角，杀梧。行在忌仲执者以此声讨，黄宗羲上疏救之，乃止。张国柱劫定海，列船江上，入城牢搜者二千人，仲执拦止，国柱终不得志而去。田仰、荆本彻先后过姚，皆帖帖俯首，不惊鸡犬。升监察御史。尚宝寺卿朱大定、太仆寺卿陈潜夫、兵部主事吴乃武皆从浙西来受约束。

仲执短小精悍，好读实用之书；其言星象，则从闽人柯仲炯于狱中受之。行在初建，进宗羲所著《监国鲁元年大统历》。又累受宗羲所注《授时历》，及律吕壬遁，皆能有所发明。丁未八月十九日卒，年六十九，权厝于山阴之陈常堰。所著《周易注》若干卷、《律书详注》一卷。子三捷（谨据黄宗羲撰《墓表》补）。

章正宸

章正宸，字羽侯，会稽人。从学同里刘宗周，有学行，举崇祯四年进士，由庶吉士改礼科给事中。疏请帝法周孔仁义，黜管商富强，则太平可坐致，报闻。礼部侍郎王应熊者，温体仁私人也，廷推阁臣，望轻不得与，帝特命入阁辅政。正宸上言："应熊见摈廷推，何缘特简？今事因多扰，变以刻成，综核伤察，宜存浑厚。奈何复使很傲之人，与赞平明之治哉？"因力诋其狼藉封靡，请寝前命。帝大怒，下狱拷讯，御史米助国、金光辰、龚廷献，给事中范淑泰、吴麟征、傅朝佑论救，皆不听，竟削籍归。

九年冬，有诏起废，召为户科给事中。正宸因言："起废旨屡下，而与臣同列名若词臣刘必达、杨世芳等已死，乞敕所司速举。"帝纳之。药厂灾，坏公私庐舍无算。正宸言："火于五德为礼，礼教不修，火灾乃见。陛下临御，初未以沽名市德疑大臣，顷大臣救郑三俊、钱谦益，忽为是言，是一无礼也。史垄下吏，疏辨抵称时局，思钳众口，又一无礼也。朝廷每一番令甲，辄增一番私营，如吏部郎张柽芳以不谨被黜，巧借城工复职，非陈启新任怨抄参，则考功之法可以金钱赎矣，又一无礼也。灾异频仍，圣心忧悯，而启部主事李凤鸣谓善言不可退灾星，亦一无礼也。"帝是其言。时厂卫务罗织人罪，而巡捕武弁从而效之。正宸言京师死刑视四方独多，其处决视四方又独速，请申饬厂卫巡捕官。帝令司巡捕者回奏，气势稍衰。

十四年，屡迁吏科都给事中。周延儒再相，中外仰望丰采，而门多杂宾。正宸，其门生也，独不肯附会。十五年，正旦朝会，帝进延儒等揖之，待以师傅礼。正宸因言："陛下隆礼阁臣，阁臣宜积诚以格君心，不与中官作缘，不凭恩怨起见，不以宠利居成功，不以爵禄私亲昵。"语皆风延儒。及宣大缺总督，延儒欲用宣府巡抚江禹绪,正宸持不可;吏部希延儒指用之,正宸复劾其行贿事。帝不纳。延儒欲起江陵知县史调元,正宸止之。延儒再召,颇得冯铨力,欲以守涿功复其冠带,正宸与金光辰力争,事遂寝。寻诋兵部尚书陈新甲奸邪,荐李继贞、李邦华、史可法、孙传庭可代。及松山师覆,请先正中枢破坏之律,然后正行间失陷之条,新甲遂获罪。既而会推阁臣失帝意,谪戍均州。

福王立,召复故官。疏请巫檄四镇,分渡河淮,与江北、山东协力,互为声援。且请缟素率师,驻跸淮上,时不能用。内传用张有誉为户部尚书,正宸以有誉虽有望,而中旨不宜出,抗疏力争,有誉卒以廷推用。魏国公徐弘基等公疏荐张捷,命下部议,并议前户部主事邹之麟,前御史张孙振、刘光斗起用,正宸分别论诸人,稍宽捷而力诋之麟、孙振、光斗。马士英不悦,拟谕诘责,回奏上,获免。寻以安远侯柳祚昌荐,起用阮大铖,正宸又力争,且曰:"朝廷如此举动,邸报流传,见臣姓名尚挂仕版,必相顾骇愕,谓负掖垣职掌,万死何辞?乞先放臣归里。"士英辈忌正宸居言路,遂用为大理寺丞。已见国事日非,请假归。鲁王监国,起吏部左侍郎,不受,仍署旧官。事败,弃家为僧,不知所之(谨据王鸿绪撰《明史稿》补)。

朱之瑜

朱之瑜字楚屿，至海外复字鲁屿，又号舜水，余姚人。少伉爽，有志概。有持谱献者，谓朱文公子为余姚令，家于此，族人欲附之。之瑜曰："中有一世讹脱，即难征信，且人贵自立，不必攀附紫阳也。"寄籍松江，成诸生，提学御史元某以才备文武上诸礼部。癸未、甲申，两奉征辟。

明社既屋，福王建号江南，总兵方国安荐授江西按察副使，兼兵部职方司郎中，监国安军。马士英方用事，遣私人周某偕同邑何进士东平招之。之瑜念方、马终误大计，力辞。台省劾偃蹇不奉诏，将逮捕，会南都亡，遂解。

黄斌卿奉表闽中劝进，唐王加斌卿肃虏伯，镇舟山，之瑜往依焉。于斌卿强悍不法，数有所救正。承制授昌国知县，又表授监察御史，管理屯田事务，聘军前赞画，均不应。御史冯京第之自湖州军破也，间关入四明王职方翊军中。时内地单弱，欲藉海外之师为响应，京第劝斌卿乞师日本，斌卿因命弟孝卿副京第往，之瑜从之。撒斯玛王许发罪人三千，及洪武钱数十万，京第先归，之瑜留，而师不果出。

己丑，鲁王驻舟山，安洋将军刘世勋疏荐监纪推官，吏部拟兵科给事中，改吏科。时礼部尚书吴钟峦扈王，兼督学政，以开国第一人荐，将授翰林院官，先后力辞。王翊之朝王也，见之瑜恨晚，举孝廉，辞。

辛卯，舟山陷，飘泊海岛，转徙日本、交趾、暹罗间。甲午，征还，敕书达交趾，焚香开读，东望涕零。戊戌，赴厦门朝王，不果。己亥，朝王金门。时朱成功、张煌言会师入长江，之瑜主建威伯马信营。信，台州副将，降于张名振者也，名振死，以兵属成功，与忠靖伯陈辉、之瑜常往来两军间。克瓜州，下镇江，皆亲历行阵。未几，事败，益彷徨无所向，返日本。日本人安东守约周给之。

丁未，水户藩侯源光国为筑第驹笼别庄，造膝访道。东国未有学，著《学宫图说》，依以创造，凡古升古尺、簠豆笾铏之属咸备。又命俊秀子弟从受释奠礼。己酉，年七十，辞归，不听，飨之后乐园，以屏风为寿，绘东国及中华耆德六人，则武内宿祢、藤原仕衡、藤原俊成、太公望、桓荣、文彦博也。己未，年八十，致祝如初。壬戌四月十七日卒，年八十三。光国遣世子纲条临丧，葬常陆久慈郡大田乡瑞龙山，谥曰文恭，构祠堂驹笼别庄，亲制文诔之。

之瑜生八岁而孤，伯兄启明，天启乙丑武进士，南京神武营总兵、都督同知，以忤阉削职，特旨昭雪，授漕运总督，国变未赴任，行由总兵劾归。国朝强起之，不可，后以老寿卒。仲兄之瑾，诸生，弱冠即夭。之瑜在日本苦蚊，有劝幛以纱厨者，谢曰："先世葬域，兵后恐遭蹂躏，辗转思维，不敢身处安逸耳。"凡中华人来，必泣问伯兄近状。娶叶氏，生子元模、元楷；继娶陈氏，生女高，字柔端。元模屡省父交趾、厦门，辛丑殁于海外。元楷隐居教授，己酉卒。柔端六岁丧母，年十二遭世乱，即佩刃自防，字何东平子，郁郁未嫁而亡。

之瑜笃于友谊，初以诗受知于张国维，朝列相知者陈函辉、张肯堂，同县则邹元实、斗东、叶大受、陈遵之、族子锦，尤与王翊、吴钟峦、朱永祐契。之瑜之返日本也，诸将留之，张煌言挽之尤力，之瑜以海滨无田可耕，坐而糜饷，有负本志，遂行。

初，交趾王橄取通晓中华文字者，被摄至，不拜，王怒锢禁之；继知不可屈，遗书有"太公佐周而周王，陈平在汉而汉兴"语。答曰："天祸明室，不佞逃遁贵邦，苟全性命，如欲委质他国，皇天后土，实鉴此心。倘异日者，瑜藉大王之灵，遄归桑梓，当举贵国携贰之端，昌言于朝，使圣主明见万里，贵国得世守藩维，岁贡终王，宁不贤于瑜之竭蹶贵邦哉？"乃纵之归。

之瑜学问赅博，少从业慈溪李契元，有诗数十篇，附刻《姚江诗存》，文集二十八卷，皆海外所作。日本正德二年，源纲条刻之。有安东守约《序》。日本高弟有守约子安积觉，又今井将兴（谨据朱衍绪《家传》补）。

三湘从事录

[明] 蒙正发

序

[明] 王夫之船山

余何忍复读《三湘遗事》哉！圣功授我此录使序之，圣功不哀我痹病而送之，哀圣功过矣。当湖上半壁时，黎平、义兴、华亭三公为鼎三足，而华亭公为雄膏，黎平、义兴当金玉铉之任。金玉皆宝也，相触则相伤，玉碎而金亦挠，交之以为铉，安得不覆𫗧乎？圣功以亭亭岳岳之男子，与雄膏同恻，又安能起泗水之沉没以御魍魉哉？华亭公有示余及巴陵李天玉句云："割绝耳根犹有恨，破除心事倍多情。"可以知华亭之为雄膏，而圣功且为山梁之共，故终以姑苏之降抚抑圣功而尽弃三湘，华亭公之恨，九泉不舍也。

余平心论之：义兴自忠孝人，但尝侍其弈，不胜则掇十数子易之，对弈者不敢争。当时残山剩水，能有几十数子之可易乎？近有弄笔纪楚事者言：义兴在浔南时，将卷土重来，为圣功诸人所阻挠。余忝义兴公知遇，皇天后土实式临之。义兴又为昆山朱震青所诶，举动差异，忠孝不伸，悒悒而终，余不敢昧也。虽然，华亭公以劳愁死，义兴以怆恚终，余与圣功屡不死，而今日犹然言之，则我两人之终出黎平与天玉下，自取之也。余何忍复读《三湘遗事》哉？（永森按：黎平谓何腾蛟，义兴谓堵胤锡，华亭谓章旷。天玉名兴玮，己卯副贡生，丙戌乡举，何腾蛟荐授临武知县。大兵攻临武，兴玮督兵出战，被执送孔有德，不屈死之。）

明文林郎户科右给事兼掌兵科
都给事蒙公墓志铭

明行人司行人王夫之撰

　　有明户科右给事兼掌兵科都给事蒙君，既逐于谗，国亡，或劝之降，不听，隐居于衡阳之斗岭，卒因葬焉。葬七年矣，嗣子肇旻与其弟以志铭请。当葬时，皆幼孤也。

　　君本甘姓，世居江西宜春，元末，以商迁武昌之崇阳者为昺一。昺一生国忠，国忠生受宗，始为儒，补崇阳文学，皆甘其姓。受宗生文彬，以乡贡官阆中知县，有治声，擢保宁通判。避戎籍，以受宗少孤，为同居继父蒙清泗所鞠，遂改姓蒙。越五年，世生应第，补邑文学，试于乡，不第，弃去，著书数十卷，是为君之祖考。应第生上种，补文学，授生徒，有文誉，是为君显考。以君贵，赠文林郎，如君官，妣汪氏赠太孺人。君既世承蒙姓，屡思复姓甘，尝与予深叹，未果而卒。

　　君讳正发，字圣功，别号樵云，少颖悟而益以勤敏，文思博赡。早岁补文学，食饩于庠，为江汉人士所推诩。而多读古人书，究治乱原委，抱匡世之志，倜傥怀大略，喜游侠驰射，结豪隽，意自得也。

　　崇祯癸未，张献忠破武昌，君纠乡勇逐伪令保城，

211

为抚军何公所知，以功准贡。隆武乙酉，武昌陷，君与叔父上和偕诸同志拥邑令李方曾起义，复邑城。兵败，上和死，及公元配方氏死之。君重跰间道越通城，走平江，乞师湖上。至长沙见何公，阍人拒之，君大骂，何公闻而延入慰劳。时华亭章文毅公监军驻湘阴，见君，留与坐谈，慷慨论列，公大喜曰："此刘虞之得田子春也。"遂随章公军于湘阴。以推官衔监纪十三营，与章公经画兵食，移虚支圹，谋允而劳不匮。督南将覃裕春等大战于潼溪，以八千人破数万之铁骑，斩馘无算。自南渡来，无敢战者，战而胜，自潼溪始，皆君亲冲锋镝、誓死不退之力也。

时湖上承制开科取士，君以家世素业，返诸生服就试，中丙戌乡举。榜发后，仍奉檄调兵食于衡，而湖上溃矣。闽都失守，大行皇帝立于粤，已为逆帅刘承胤所胁。何公念君侧无人，荐君馆职入侍，为承胤所持，授待诏，仍赞章公军事，守白牙桥，题授户科试给事中，经理军饷。会章公以忧愤卒，何公欲以章公兵授君守永州，而永李吴晋锡掠何公左右，夺其军授之。兵讧，晋锡降，君犹收拾残卒，退守全州。而何公兵溃，孤立无援。何公荐入行在，遂匹马入桂林，实授户科给事中。未几，上避寇南宁，君与留守督辅瞿公经理守粤。明年，师下衡永，瞿公檄公迎驾归桂，而李成栋反正粤东，亦迎驾幸肇庆，君遂扈跸以行，兼掌兵科都给事。

于时江、广效顺，楚疆渐复，蜀、黔方事战争，奏请重叠积委，君抄发迅捷，各得其理。而国步方危，人心愈陋，滥封拜、乞印敕者，投私门以罔上，但求河润，不畏天崩。缘此阃外亦轻廷议，骄恣渔民，自相猜杀，置危亡于不恤。君与仁和金堡、江夏丁时魁、公安袁彭年、兴平刘湘客愤起，力持纲纪，清冒滥，劾功罪，裁凌躐以整饬之，而众怨作矣！

缇帅马吉翔以扈从之劳，结援宫禁，树私人于台省以乱政；降帅高必正统十三营，弃楚蹂躏粤地；孙可望势蹙请降，而胁求王封；偾师陈邦傅株守南檄，坐制当宁，君皆抗疏论劾。廷臣朱天麟、王化澄、吴贞毓、万翱、朱士鲲、雷得复既以柔软愧忌，而私谒不行，志欲未遂，浮言相鼓，内外交怨。庚寅春，南诏失守。君方调度兵食，与南阳侯李元胤画战守之策，而吉翔为主于内，群不逞诪张于外，忽拥上弃东粤，走苍梧。旋于水次结党参奏，遂下诏狱，五木加身，榜掠无完肤，必欲杀君等以快意。内阁严公起恒、庶僚管嗣裘、彭焞匐伏洲渚求释；留守瞿公式耜、宫詹张公同敞抗疏辨理，皆不报。会诸帅曹志建、焦琏、赵印选、胡一清交章讼枉，必正亦知君等忠直，力请宽宥，乃谪尚方轮作。狱方决，而广、肇瓦解，桂平溃陷，群不逞挟上南奔，陈邦傅降，孙可望劫驾困安隆，国之亡遂不可支矣！

方未乱间，君扁舟入桂，依瞿公以居。桂陷，降者相踵，君排邪论，窜灵溪峒，与司马刘远生、枢郎朱昌时、中舍管嗣裘投身瑶僮间，采苣以食。已而循山径依故人于斗岭，授童子读以得粟，樵汲行吟，分与草木同朽。而所依者有仇家，挟君不降为名，将构大难，乃复走邕管避之。邕帅全节闻君谊，矜重而优全之，数年乃归，杜门绝交游，读书以自适。会滇师起，闻君名，交相延致。君有子房借箸之才，而无孔甲抱书之志，深匿山间，未几，抱疾而卒。

君气宇开朗，神志果毅，而胸无宿怨，言无机巧，故所至人皆矜服。文笔畅达，善尽事理，诗雄浑不事雕琢，得钱、刘风旨。所著有《漆园放言》《芦草龙壁吟》《欸乃声》《三湘从事录》，藏于家。

君生以万历丁巳三月初八酉时，得年六十有二，而终于己未七月廿四日酉时。元配方，以义烈赠孺人，予祭一坛，无出。摄室王氏，侧室周氏、萧氏、周氏、韦氏、方氏，生子六：长肇昊，从予学，次肇嵩，次肇暹，次肇晟，次肇昱，次肇昇；女二：长适朱宏煜，次许字蒋如星。此葬地为衡阳政平上四都之滩头江茶园山，首丁趾癸。夫之与君为患难交，自诏狱始迄于终，感君行谊而铭之曰：

> 六鳌震惊人气馁，浊水唅喁相宕驵。吮密太阿竞嬉娭，君思溅血相涤洒。支天不终臣之罪，舍幽泉瘗夫谁待？上隽潇湘流相汇，千里归魂暮云暧。埋愁万峰蠹碨磊，神气何之返真宰。

例　言

　　此书之刻，所以正人心，息邪说。圣功为明臣，既忠于明，则凡为人臣者，其当如何尽忠，可借鉴而明。高宗纯皇帝读史阁部报摄政王书而善之，谕史臣曰："可法，明臣也，其不屈正也。不载其书，不失忠臣之心乎？不必讳，亦不可讳。"大哉王言，其为万世明纲常、教节义也，至深且切。此书一出，于近世人心风俗大有裨益，读者不可不知。

　　书中人名、地名以别号称者：如孔有德称恭顺，肇庆称端州之类，悉为注明，使读者一目了然。

　　圣功在永历朝与金堡、袁彭年、丁时魁、刘湘客等直言取谏，不畏强御，忌之者有五虎之谤。恐后世史家不察，至沿其误，悉为辨正，不使忠魂遗憾于地下。

　　书中名臣如瞿忠宣、何忠烈诸公，奸臣如刘承荫、马吉翔诸人，皆关一时治乱，故于其爵里事实，略加参考。其余人名甚繁，无大关系者，皆从略焉。

　　此书沉湮垂二百余载，将就散失，永森下乡宣讲，所至之处，必召其故老，探访古迹，搜求遗书。此乃圣功后裔甘云峰所藏者。至邑中遗书甚多，以蒙所闻者：

如杨昺之《素庵文集》（永乐时御史，详《明史》本传），汪必东之《南隽集》（朱竹垞选其诗入《明诗综》），汪文盛之所刊三史（《广雅堂诗集·滁山草堂歌》注：汪文盛刊三史，称善本），汪宗伊之《南京吏部志》，汪宗元之《南京太常寺志》（均见《四库提要》），吴梦材之《强识略》（王弇州[谓]其必传），刘景韶之《大白原稿》（与李沧溟同官曹部，结社唱和，王弇州为作序），胡定之《二溪全集》（俞桐川刻其文于《百二名家》），汪桂之《梅邨遗稿》（善画，华亭董尚书云："文有吴梅邨，画有汪梅邨，皆足冠绝当时，称二梅邨云。"），熊则祯之《御史疏稿》（杨涟劾魏忠贤二十四大罪，则祯复上疏之，均为忠贤所持。熊廷弼死，则祯哭之哀，竟以忧愤成疾，卒于官。人皆知有杨、熊二公，而不知有则祯，故特表之）等书，均未得见。倘有同志之士，搜得其书，愿以相饷，重谋付梓，以光潜德，翘盼殊切。

圣功有诗二种，曰《漆园放言》，曰《欸乃声》，船山先生作序，雅推重之。圣功原不藉诗传，而诗又非近时急务，故置而未刊，兹择句之佳者，五言如："山将落日去，风送晚凉来。""木客林端啸，孤鸿海上来。""寒涧蒸轻雾，高岑驻晚晴。""檐浅高收照，林空易送声。"七言如："旧句复吟如梦里，湘山重见似亲人。""荒城笛吹山遮断，野寺疏钟月送来。""秋成衲子忙如俗，雨后山光净若澄。""天地茫茫真大瓠，行藏泛泛一浮萍。""拨枕滩声喧断梦，系舟老树托芳邻。""粤水南来深染碧，春山雨过尽堆蓝。""茶烟入水如云泛，帆影骞风觉岸忙。"皆妙。圣功生明季，其诗不为王、李，亦不为钟、谭，自出机杼，不屑依傍门户，此其所以为豪杰之士也。

黄筱鲁观察辑有《濂学编》一书，中多理学名儒，《王船山先生传》中附载圣功事实，永森以圣功此书相质，观察服膺船山有年，又以吾乡有此义士，不可听其湮没，慨然捐赀刊行。表彰节义，即以磨砺顽愚，不仅寻常文字因缘已也。故特志之。

三湘从事录

〔明〕崇阳蒙正发著

后学金永森辑注

隆武元年（永森按：顺治二年，唐王聿键立于福州，号称隆武）乙酉岁，十月既望，正发同汪东一柱、赵岩仙继抃、王振秀士芳、孙大川嗣济、陈命卿王言、家叔父济五（讳上和）起义复城。教官周生文脱逃，赴省请兵，从崇阳东隅之沿河岭进，乡勇乌合，遂成瓦解。十一月望旬，发与孙嗣济、陈王言与邑令李方曾自摩旗峰间道走通城。时大雪严寒，夜行昼伏，三日不得食。自念槁毙山中，与草木同腐朽，且投身村舍，若执献而出，明目张胆，慷慨从白刃，不枉此番义举。遂同陈王言投通城涞渐黎时生家。

时生，通城库吏也，素昧生平，一见即引入后堂暖室中，先饭以薄粥，即设裯褥，命且就寝。移时，设馔甚盛，醉且饱，复命再休息。片时，村中嚣杂，不可久留，此间距关门四十里，当温月夜行。黄昏后，时生携一苍头，沿途索火炬以行。行三十里，黎明，恰遇清令同防将自关门回，时生曰："毋恐，有我在。"遂向前迎邑令，数语支吾而去。至关门，门弁与时生熟识，竟得坦行。越关行十里，即入平江境。时生曰："此大明地方矣！二君奚姓？"俱以实告。时生曰："某固知二君起义出亡者。两贼相得，得形于嘿。故前此不问姓名，恐君疑也。"遂泣涕拜别。时生仍命苍头送行。

行三十里，遇太仆寺卿兼管监军道事章公标将何一乾，领十数骑哨探，细讯本末，知为辛苦难中来者，以骑乘我。至平江县，防将副总兵满大壮、万大鹏，参将黄茂功等各张乐设宴，款接殷勤，遂厚犒时生苍头遣归。奈苍头痴甚，述其事，遂至外泄。时生苦刑狱，破家产。嗟呼！正发雪夜危踪，冻馁垂毙，不异子胥奔吴；时生高义，又不异濑水女子、江上渔父。上天苍苍，十数年来，未尝一刻忘也。

发脱难后，汪柱、赵继抃、王士芳、赵之城、家叔父俱被执，缚至武昌，死之。柱、继抃、之城有绝命诗，多传诵之。家叔父见佟养和，抗节不屈。养和曰："汝何不剃头来见我？"叔曰："吾去一毫发，无以见二祖列宗于地下！"养和怒，遂死之。

发往平江数日，即往湘阴。忽见道上抛弃杖械，溃兵络绎，行百里，无烟火。诘其故，乃总兵张先璧分守下湘之兵，闻贝勒渡湖，遂踉跄先奔。发与陈王言相对愕眙曰："中兴气象，固如是乎？我辈破家亡命，九死至此，惟冀重见天日，稍稍吐气，今如此，更复何望？"及抵长沙，谒督师何公（永森按：何公名腾蛟，贵州黎平人，天启辛酉举人。崇祯中，知南阳县，地当要冲，数摧贼锋。又从巡抚陈必谦破贼安皋山，讨平土寇，能声大著。迁兵部主事，出为怀来兵备佥事，调口北道。丁母忧，巡抚荐其才，将夺情，固辞归。服阕，起淮徐兵备，境内肃然。癸未冬，晋右佥都御史，巡抚湖北），司阍者白棒乱扑，不容稍近，正发不禁怒发上指，振声大呼："我辈奉督师之命起义杀□，不幸家族俱屠，间关至此，乃竟师门远于万里乎？"时太仆章公（永森按：章公名旷，字于野，别字峨山，华亭人。崇祯丁丑进士，授泂阳知州。十六年，贼陷州城，同知马飙死之，旷走免，为给事中熊汝霖、御史游有伦所劾，何腾蛟令戴罪立功。左良玉犯南都，腾蛟至长沙，以旷为监军）闻发言，趋语督师，随召入，痛责阉人。正发详述起义颠末，督师慰劳再四，并馈费二十四两。随谒太仆，已先饬阉人相候，一见开诚吐衷，即蒙国士之遇。时孙嗣济与李令同到，督师授正发参军、推官职衔。正发本意急欲请兵恢复，以救家难，荣名非所愿也。

一日，太仆语正发曰："督师军务烦剧，不及照管，若肯相助为理，同到湘阴相机进取，不更便乎？"正发面虽唯唯，其实属意在督师也。盖以癸未杀贼保城之功，督师闻于烈庙，奉旨准贡。乙酉春，左良玉之子梦庚称戈东下，督师不从，投身江汉，渔艇救起（永森按：《稗史》称弘光立南京，有称故太子自北来者，诸臣莫能辨，下之狱。良玉上疏申救，不报。用黄澍计，举兵反，以清君侧为名，焚武昌，东下劫巡抚何腾蛟同往。舟次汉阳门，腾蛟乘间跃入江中，漂至竹簰门，渔舟救起。此则云梦庚称戈东下，而不及良玉。后载腾蛟《祭章总督文》，亦云梦庚问鼎留都，均为良玉开脱。似当时此举皆黄澍与梦庚为之，劫巡抚并劫良玉也。以楚人记楚事，当较诸书为确，可为良玉雪诬），由蒲圻入崇专。寻发等起兵，随以闯氛告逼，遂上湖南。十月朔，督师手书与发云："不佞于十月十六日誓师祭江，水陆并进。足下速率义旅会合柯陈兵，收复大冶、兴国州县，同至省会，痛饮黄鹤可也。"发遂举兵以应。是前此知己相感，今复举兵相从，千里来依，原非漫然，故属意在督师也。

先是，闯部王进才投归督师，即以总兵驻镇岳阳。又左营副将马进忠、王允成、卢鼎抗节，乘便风，一夕挂帆从九江上，亦驻岳阳。本年十月十六日，督师同太仆誓师东征，蔽江而下，至湖口，见王、马诸镇舳舻南溃，何、章二公相顾诧愕，不知所山。四镇到，面讯之，始知为贝勒渡湖故也。其实贝勒是往西湖袭扑一只虎，非来星沙者也。太仆向督师泣曰："本拟长驱直捣，孝陵在望，今未出内地，挠沮若此，将何面目还星沙？某宁死不归也。"督师歔欷解慰，邀太仆且还，再图后举。诸镇才至星沙，不肯驻足，王进才往弋阳，马进忠往常德，王允成往湘潭，卢鼎往衡州，各择内地为偷安计，门庭置之不问矣。太仆与督师密商：此辈响马，性习难驯，且惊弓之鸟，望而惊飏，岂能抗臂与敌人争锋？于是决计用南人矣。

时江右震邻，渐逼茶、醴，羽书日急，遂遣总兵张先璧出吉安，以张星沙右蔽。副将刘承胤驻武岗，兵力颇强（永森按：承胤，南都人，酗酒，有膂力，号刘铁棍，以征蛮獠功，累官至副总兵），太仆亲往调之。承胤曾困辱何公子文瑞，恐督师之衔己也，惴惴不敢下。太仆身任保其无他，然每向承胤盛称督师威严，承胤益惕慑，惟求太仆周旋，虽赴汤蹈火唯命。及承胤庭见，督师竟行宾主交拜礼，称承胤老公祖，过于谦牧。承胤出嗔太仆曰："何公长者，原无他肠，公胡恐吓我也？"承胤由是骄恣，后竟不辞而归，诸镇尤而效之。董英请镇浏阳，黄朝宣盘踞燕子窝，曹志建营窟镇峡关，郝永忠以迎驾为名深入郴阳，牛万才往湘乡，风卷云扰，民罹汤火，以督师、太仆为孤注矣。

太仆抚膺叹曰："我尊督师，所以尊朝廷。今朝廷草创八闽，威福不能行于远方，故特张皇督师声灵，俾节制有权，调度无梗。今屈体如此，元气泄矣！其何能振？"寻与督师计曰："向谓用北人不如用南人，某谓用外镇不如用亲兵，与其以有用之金钱，养望敌还奔之响马，不如养站得脚跟之南兵。与其以有限之金钱，养进止自如之外镇，不如养可予夺遣发唯命之亲兵。且有亲兵则可以自强，自强则可以弹压响马，驾驭外镇，此壮威制胜之术也。"督师深然太仆计，于是于黔、粤之间，分头召募。督标募得平越土师副将吴承宗，绰号大弩，领兵三千；黎平土师参将姚友兴同蓝监纪领兵二千；参将龙见明与廖都司领兵二千；广西柳州僮目副将覃裕春、子覃鸣珂领交铳手狼兵五千。仆标副将满大壮原兵三千；参将黄茂功原兵一千。又募得镇筸指挥张星炫领麻阳兵二千。又满副将之子都司满其炅续募到麻阳兵二千。又长沙巡道傅上瑞亦同召募标将胡跃龙、吴胜、陈绍尧共领兵五千余。又调到副将向登位、向文明共领兵三千。督标官兵共计三万有奇。

是时学道堵胤锡，督师题补湖广南抚，往常德招抚一只虎，更营制名忠贞营，就在彼中制师。以原黄州知府周大启题补学道，以长沙巡道傅上瑞题补偏沅巡抚，仍驻长沙，办转运。上瑞以专汛所在，坚请往任，因题永州守道严起恒左布政，措济军饷。太仆以敌在岳阳，下湘为门户重地，不宜久虚，请亲率二标驻札湘阴。督师曰："公虽胸有万甲，但身苦文弱，须得大镇与俱。"太仆谓："若兼大镇，必致事权掣肘。封疆之事，某一身任之，居中调度，则明公主持，左右赞襄，新监司赵廷璧尚可效尺寸也。"

订议已定，适永州司李吴晋锡至长沙，得闽中邸报：张肯堂题报松江乡绅李待问、章简起义守城，□攻累月，破城殉节。奉旨祭葬，赠吏科都给事，加赠尚宝卿，谥节愍。太仆见报，哭踊几绝，即日设位展奠，星沙文武毕集。祭毕，太仆祭文内有云"弟之任沔阳，兄送弟京口，执手叮咛做好官。兄不忍舍弟，弟不忍舍兄。兄今舍弟而报国，弟必报国而追兄"等语。闻者莫不感泣。

时星沙文武公送郡丞周二南神主入蔡公祠配飨，太仆于壁间题《吊蔡江门》诗曰："人生七尺亦一夫，作文八股称为儒。科名俯仰几大事，转念正念在须臾。旷也雄心愤杀贼，一朝未死今嗫嚅。学得君身寸寸乐，无苦无痛亦无拘。爱我君兮辞我母，嗟我民兮独懚歔。"蔡江门，讳道宪，任长沙司李，癸未八[月]，贼陷长沙，江门怒骂不屈，寸磔以死。周二南，字石拙，云南举人，长沙郡丞，乙酉秋，闯贼溃入长沙，督师命往招抚，周随带兵丁数百，贼误为袭己也，遂遇害。蔡先建祠，今以周配焉。

翌日，太仆辞督师往湘阴，正发送出城闉，停鞭语发曰："待到湘阴，即来相请。"此丙戌正月念旬时也。太仆至湘阴，鼓舞战士，整顿守备，就民舍为公署，扁其堂曰"后食"，柱联云："帐下若干同苦士，湖南第一大明城。"旬日后，作字督师，求正发与孙嗣济、陈王言同赴军前。又手字与发，约刻期遄赴，于二月既望至湘阴，凡一切战守机宜，无不虚心咨询，朝夕同饮食，无刻离者。

先是，湘阴十五里外，时有敌骑往来。太仆选三标骁将领兵奋杀，斩首百余级，追奔至新墙河岸，直抵岳界。以枭将牛养勇驻顶拨，覃裕春、姚友兴、蓝监纪驻潼溪，以遏小路。满大壮父子、吴承宗、龙见明、廖文明、陈有明驻新墙，以御大路。吴胜驻关王桥，接应潼溪。向登位驻长乐街，接应新墙。委陈王言监纪新墙官兵，委孙嗣济同黄友功、张士燕往辰阳召募，委材官蔡演、张绍孟往东安县打造交铳。又会同督师，牌正发为十三营监军，凡有机密，重日驰驱各营，酌量布置，仍还湘阴面商太仆方略，几以马上鞍间为眠食矣。

时有爱将万大鹏，招抚有功，技勇绝伦，督师有"浑身是胆，出口惊人"之荐。因在平江有不法之事，太仆缚来，挥泪缢杀之。各将咋口曰："爱将且不少假！"各相戒勿敢犯。发在行间，太仆录《寄送春绝句》云："细细薰风上铁衣，迟迟暖日坐军帏。河山咫尺烽烟隔，不放春从异域归！"发和韵奉酬："轻鞭小马敝征衣，壁垒风烟黯布帏。莫谓春光留不住，大明正朔万方归。"

敌骑数来冲突，我军奋勇堵杀，屡挫其锋。三月，乘胜逐北，直抵岳阳城下，清岳镇马蛟麟惧，飞请援兵，遂发固山祖大受（永森按：大受当作大寿。《贰臣传》：大寿，辽东人，明总兵。崇祯元年，擢大寿总兵，挂征辽东前将军印。崇德七年，松山城破，与洪承畴并降，隶正黄旗，仍官总兵。顺治十三年卒）领满兵于四月初旬出京门。督师驻星沙，安戢王、马、郝、卢各镇兵马，措给月饷，使不扰民。又遍檄各路粮饷，接济三标临敌之兵，左提右挈，寝食不遑，以一手障南天，亦良苦矣！太仆在湘阴，自新墙、潼溪以至平江，延袤三百里，步步棋布，处处星络。又推心以置诸将之腹，一裨一弁，无不精神周到，稍有捍格，委曲调剂，稍有疏漏，立行补缀。一饭之顷，军书四五发。每日自黎明至夜半，就枕片时而已，以致心血枯槁，颜色憔悴，暴发下血之病，药饵调治，弥月始痊。太仆与发笑语曰："我辈身任封疆，一腔热血，免不得要寻出处，但愿干净从项间出，不可龌龊从下体出也！"太仆见发行间数月，亦有微劳，每致书督师盛称之。

五月，督师题太仆巡抚江北，总督恢抚军务，题正发兵部司务，仍监三标兵马。适值探人回报：祖兵已至岳州。即驰谕各营，严饬防御，发驰新墙，率励整备。六月初一日，□兵万骑渡河，直逼排栅下营。副将满大壮语发曰："敌势甚重，必须援兵接应，然非监军亲往，恐迟缩误事。"发驰十数骑至长乐街，即刻命向文明领兵三千前去。又至关王桥，发吴胜兵一千协援。驰至潼溪，闻新墙炮声震天，不移时，有带伤兵丁奔来云："我军与敌鏖战半日，从陈友功排栅攻进，副将吴承宗、参将满其炅、都司郭泰被执，东北角兵丁尽没。

满大壮、陈有功、龙见明、张星炫冲阵力战，又得向文明救援，兵丁杀伤不多。"发号哭愤激，恨不身赴，与副将覃裕春誓曰："今日破新墙，明日必攻潼溪，此我与君勠力效命之地也。万一潼溪不守，正发誓以身殉，有何颜面见章太仆耶？"裕春亦感奋，期同生死。

副将姚友兴闻新墙之败，大怖恐，薄暮，率所部弃汛而走。发不禁恚怒，躬率数十骑邀姚友兴，叱数其离汛失伍之罪，军心贴然。裕春与姚、蓝共兵八千，内有鸟铳六千，发同裕春布置，将鸟铳分作三排轮放。是夜三更，即命造饭。兵丁出汲，见营门一黑物，视之，乃大包火药也，环栅而视，又得火药二大包，盖敌用细作先置排栅间，待攻围发火者。裕春喜曰："天赐我也！"东方才白，敌万骑齐来，环营数匝。先放鸟铳一排，仆尸数百，溃然而解。少顷，又合一围，又放鸟铳一排，敌又仆尸数百，救死扶伤，不敢向迩。有来抢尸者，又被铳死，遂号天奔渡，不敢反顾。此敌渡湖以来第一大创也。

太仆闻新墙之败，以头抢地，呕血昏绝。湘潭盐法推官郑古爱，监纪孙象乾、郭如泰、萧为龙，知县俞鸣仪，中军秦相百，旗鼓董宏猷、陈通等委曲劝解。次日，得潼溪捷报，稍慰愤闷，仍设措药食，息养新墙伤残之兵；搜括酒器，奖劳潼溪得胜之将。与正发手书曰："新墙挫衄，切恐门下不免，不佞心胆俱碎。幸天佑吉人，复于潼溪大报东门之役，转败为功，具见伟略，不佞拟驰行间面犒有功将士，因新墙一气成病，烦门下酌量厚薄，逐一周到，以彰前劳而策后效。犒不能丰，聊示投醪挟纩之意而已。所有善后机宜，不佞急欲面商，伫望。"发遂回湘阴，与太仆相见，慰劳甚欢。

时探得敌自潼溪败还，祖、马自相仇怨，无复上侵之意。但新墙一路，甚是空虚，败兵锐气已挫，未可即用，遂于平江撤黄茂功领所部兵二千，同牛养勇兵五百星赴新墙。时监纪孙嗣济新募辰兵三千适至，休养数日，遣赴新墙汛守。新军声复振，敌骑不敢复近新墙矣。

七月，太仆北抚新命下，奉敕巡抚湖北等处地方，兼理粮饷，总督恢抚军务，兵部右侍郎，兼都察院右副都御史。正发亦拜兵部司务新秩。上又晋督师定兴侯，赐铁券。督师以有罪无功，力辞不受。又加堵抚院总制忠贞营务，兵部左侍郎，加傅偏沅兵部尚书、严方伯户部右侍郎。初，督师题太仆北抚，兵科杨文荐面奏太仆"昔为沔阳知州，江北乡绅俱受其毒。今若作巡抚，江北士绅无噍类矣"，上曰："章旷以一知州而能毒江北士绅，是其才力必非庸碌，中兴大业，急需此人。"命该衙门速给敕印与他。夫文荐与总督有师生谊，以杯酒语言之小嫌（文荐公上车，峨山师钱饮，酒酣戏语文荐曰："若叨楚学政，相烦衡文。"文荐艴然曰："老师欺门生不能会也！”遂以成嫌。永森按：钱当是饯字之误；公上车，当是上公车），遂构谗沮，赖思文圣明，反以此识总督之才力，煌煌锡命，出自乾断，思文真英主哉！向使北都坏后，即以思文继立，天下事犹可为也。惜东南半壁断送于酒色昏湎之孝安，国事既去八九，而始龙飞海甸，呜呼晚矣！

时江北诸生来依总督者数百，总督葺理学宫，复扩构庐舍，为诸生即安，每生月给米三斗、银三钱膳之。一日下学课诸生，归殊怏怏，无可意者，即将“夫我则不暇”“无羞恶之心，非人也”二题转以课发。发辞以久疏笔砚，师再三强之，潦草成二艺，师极为赞服，出以示诸生。比日，适接按院杨公移文，题准于衡阳开科，补乙酉乡试。即以代巡杨公（讳乔然，号桐若，四川长寿县人，癸未科进士）为大主考，方伯严公为监临，即就府学改为贡院，凡科场公费，皆严公倡同监司设法捐措者也。师鼓掌嘉跃，怂恿发往，发曰：“自壬午后，从事鞍马，久谢毛锥，且既叨一命，又何必博此虚名？”师曰：“科目到底是三百年来名器，子何薄视之耶？且以子才，而不由科目出，亦可惜也！”

先是，师忧水路无备，敌若扬帆而上，我徒望洋而叹。于五月内，遣坐营副将王储往衡州打造战船，并招水兵去后。师知发不愿赴试，先遣监纪陈王言、萧为龙先行，随藉督催战船为由，咨会督师札，付正发往衡。

发至长沙谒督师，置酒欢洽，同参军姚大复、丁元相、李春先流连数日，以战船急务辞行。及至衡郡，师早有手谕与坐营，著令劝发赴试，不则咎在该将。发感师爱肫挚，强入棘围，中式三十七名，萧为龙六十四名，发本房座师新化知县江公见龙，号田侯，贵州黎平人，癸酉解元也。师正督兵在行间，闻报狂喜，不啻子弟之得隽者。正发则于揭晓之辰，不禁痛哭，念从前偃蹇，今于国祚式微之日，始克一售，丘墓不幸，弟妹无缘，是用摧切膺肝，泪浪浪也！然榜前数日，发与王言同寝，王言见一蓝面獠牙立发枕畔，光烛满室。王言恐怖爪发，发寤，则阒无踪影，噫！是所谓魁星者，非耶？师谓到底是三百年名器，岂不信哉？赴宴后，驻衡一月，督催王坐营战船，祭江起行，盖十月二十旬也。

九月初旬，总督见各路募兵已集，且总兵王进才全营俱至，长沙水师王允成蓄养已久，屡文请下，遂与督师定计，大举北伐。又移咨堵制抚，约会马进忠，由大江订期同发。总督统三标，并二王宫兵，直指岳阳。岳镇马蛟麟自潼溪败后，怯我火攻，见鸟铳上，即望风鼠窜，前锋已抵城陵矶，敌空城而走。不意新营终是响马，性习凌铄，三标呼为蛮子，所得敌人敌马，公行抢夺。三标愤激，谓我等出死力杀□□，响马袖手得财物，断不甘心远逐，另扎一山头。敌以数百骑打一倒拨，新营站脚不定，奔溃践踏，死伤无算。三标按阵，振旅而归。总督切齿捶胸曰："可惜我兵垂成之功，竟为响马所误。人乎天乎，奈之何哉？"此时马进忠由大江直至嘉鱼六矶口，生擒清阁部丁姓者，杀总兵一员，兵多赴水死，守候三日，闻旱兵已退，遂尔返棹。是时武汉震动，各官俱束装以待。督师闻报，竟夕绕堂而走，昏绝复苏，自是决意不用响马矣。

总督回湘阴，下血之病复作。发至长沙，制抚堵公以会师之役来长沙，同饮督师署中，盛称马镇之勇，微弹湘兵之怯，樽酒间颇露机锋。发辞归湘阴，师欷歔述前事，且云："下血复作，皆由怒气伤肝，焦思肺腑，以致秽血涔涔下，殆不起之症也。"以发新归，咄嗟命酒，每饮至夜分。师量不胜酒，盖藉此为排遣之苦趣也。

时颁历未几，汀州蒙尘之报至矣。所颁隆武三年历日，上于历面御书"大明中兴"四字。上天姿英武，博学好文，急于求功。郑国公芝龙以元勋辇动任意，上深衔之，会钱邦芑与总兵陈谦小嫌，疏劾谦，上遂杀谦，谦固芝龙肺腑交也。芝龙大愤快，闻贝勒过钱塘，芝龙致书贝勒，有"由旱路则撤杉关，由水路则撤水师"之语。贝勒遂列队坦行，至福州。上移延平，内阁何吾驺领兵三千扈行，[宣]忠伯张鸣凤领兵一千护宫眷辎重，上至汀州，□兵已抵延平。左右请上急行，上曰："何辅臣与宣忠伯有兵在后，当待其至。"不知吾驺、鸣凤以所挟重资，已弃上走小路过广东矣！上因待吾驺两日，遂及于难。嗟乎，吾驺陷主之罪，等于杀逆，虽寸磔岂足赎哉？（永森按：《小腆纪年》：丁酉，唐王奔顺昌，王师抵剑津，仓卒就道。〔妃媵〕有一骑而三人者，福清伯周之藩、给事中熊纬率兵五百随行。二十七日，抵汀州。明日五鼓，之藩朝行在，犹闻王与曾后角口声，俄有十余骑称扈跸者踵至，则追兵也。呼问："谁是隆武？"之藩挺身呼曰："吾乃大明皇帝也。"群射之，之藩拔箭，杀数十人，俄脑后中箭，坠马被杀。王与曾后遇害于汀州之府堂，八月二十八日也。又曰：诸书皆谓隆武被执，送至福州，斩于市。曾妃被执，投九龙潭死。《台湾外记》云：锦衣卫陆昆亨眼见隆武帝后戎装小帽，与妃嫔被难于汀州之府堂，百姓收群尸，葬于罗汉岭。当得实也。或又曰：汀州代死者为张致远，王实未死。后郑成功屯兵鼓浪屿，有遣使存商诸臣者，云为僧于五指山，然亦莫别其真伪也。）

总督得汀州之报，泣血失声，众劝以方在病中，宜节哀养此身以报国仇。督师闻报，号天痛哭，两日不食。恐敌因丧乘我，督师、总督忍情办事，以备冬防。总督《鼎湖哀诗》云："才说三年又换年，哭声倒地且呼天。此身珍重千秋史，种得冬青处处烟。"

广西征蛮将军杨国威拥靖江王乘乱自立，颁伪令至长沙，督师不为礼，至湘阴，总督亦如之。广西巡抚瞿式耜率同副将陈邦傅、参将焦琏讨靖江王，并杨国威杀之。邦傅遂佩征蛮印，焦琏授总兵官（永森按：琏，字国器，山西人，绝有力。献贼之陷楚也，系桂王由榔于道州。琏逾城入狱，破械负王登城，手短兵，一跃下，轻捷如飞．贼疑怪，不敢逼，遂趋渡河以免）。唐藩郡王又在广东僭立，年号绍武（永森按：王名聿𨮁，隆武之弟。明大学士苏观生与何吾驺等拥立于广州。大兵取广州，为追骑所获，投缳死）。惟有桂藩第四子永明王，神宗嫡孙，叙亲叙贤，应承大统，两粤文武瞿式耜、丁魁楚、程峋、方以智，总兵侯恂、吴双、陈邦傅、焦琏等同心拥戴，屡笺劝进，于丙戌年十月，即位于端州，以次年丁亥改永历元年。（永森按：永明王名由榔，神宗之孙，桂端王常瀛少子也。张献忠陷衡州，王由永州入粤西，为贼所执，系道州，焦琏攀城破械出之。隆武常语群臣曰："永明王，神宗嫡孙，朕无子，后当属诸。"暨汀州闻变，丁魁楚等奉之即位于肇庆，称永历，肇庆即唐之端州。）晋督师何腾蛟东阁大学士，定兴世侯。升广西巡抚瞿式耜大学士兼吏部尚书（永森按：式耜，字起田，常熟人，万历丙辰进士，由知县擢户科给事中，坐钱谦益𦒽削籍，事详记传。南都立，起应天府丞，再擢金都御史，代方震孺巡抚广西。大兵破广西，式耜与张同敞同殉节）；两广总督丁魁楚东阁大学士兼兵部尚书；制抚堵胤锡加兵部尚书；总督章旷加兵部左侍郎，荫一子锦衣卫堂上佥事；户部右侍郎管湖广布政事严起恒加户部左侍郎，荫一子锦衣卫千户。总兵侯恂商丘伯，吴双前军都督府，陈邦傅柳庆伯，焦琏新兴伯，马进忠武昌伯，王进才澧阳伯，刘承胤武冈

233

伯，张先璧茶陵伯，曹志建保昌伯，郝永忠南安伯，王允成岳阳伯，卢鼎宜章伯，黄朝宣萍乡伯，董英浏阳伯。宜章伯标总兵武自强挂威远将军印，白良辅挂致远将军印。忠贞营李赤心□国公，高必正郧国公，李来亨三原侯，马腾云高陵侯，贺登云泾阳侯，党守素兴平侯，袁宗第、刘体纯、张光翠等共二十余员，各晋爵列侯。四川杨展、王祥、李占春、于大海、谭宏、谭诣、谭文等，贵州皮熊等，各晋爵有差。满大壮、覃裕春、马养麟各加正总兵官。

本年十一月廿七日，总督恐岁暮疏虞，率二百骑同发巡视潼溪、新墙一带营盘，驻新墙度岁。除夕，朔风暴起，帐房掀拔，各将恳请暂进营房安歇，总督曰："我若畏寒图便，反令将士露处，于心安乎？且我受苦不过一宵，诸将士隆寒严冻，执戟鸣镳，其苦百倍，更可念也！"诸兵闻之，莫不感泣。黎明，望阙叩拜。口占绝句云："爇柴待旦拜天子，一著戎衣起大风。踊跃高呼震壁垒，东西南北尽阴崇。"发和云："投醪喜挹柏浆融，旌旆飞扬掣晓风。新帝新元新岁月，河山万里悉来崇。"

正月初三日，总督回湘阴。初六日，上长沙，与督师面商机宜，留发居守湘阴。十六日，总督自长沙回，盖因黄朝宣与卢鼎衡阳内构，郝永忠在郴、桂扰攘，百姓惊窜，粮饷匮乏，立有脱巾之忧。议委正发督催衡、永饷务，以应急需。于正月二十日起行，督师、总督各拨材官十员随行供差遣。发至衡阳，卢鼎标武、白二镇与燕子窝黄朝宣构兵穴斗，戮及居民，城郭一空，督师驰檄往谕，不肯罢，严户部同衡岳道人李皓白两地劝和，久而始释。发驻十日，差官七员分往衡、郴各属，勒限提解去后，即兼程赴永，督催驿饷二万，差官分催去后。发又亲往石矶站查验蔡演所造鸟铳，晤川陕总督朱石渠，讳容藩，坐谈达旦。云欲间道往澧州，入永顺土司，渡江走巫峡，进两川，联络全川将士，建瓴而下，直至武昌。指形画势，有如聚米，厥后皆一一如其算，洵杰士也。

容藩又细述上播迁颠末：□贝勒在汀州，遣总督佟养甲、提督李成栋领兵七千破南赣，赣督师阁部杨廷麟、总督刘同升、万元吉，监军御史姚毓奇、总兵张定远死之。成栋乘胜度岭，南韶望风靡，遂破省会，绍武被执，上闻惊，星移梧州。□兵寻至肇庆，上又移桂林。上虑粤疆日蹙，惟湖南兵力方盛，且有何督师、章总督、堵制抚诸心膂大臣可托，遂命内阁瞿式耜留守桂林，上自移驻全州。而武冈伯刘承胤居天子为奇货，至全迎驾，上意不俞。廷议以全阳为楚、粤适中之地，可以鼓舞中外；若落武冈一隅，诸勋镇谁肯向承胤仰鼻息者。寻晋承胤安国公，以胤弟承永袭兄伯爵。承胤恣睢擅威福，附从者陟迁，违忤者褫斥，朝士咸切齿。御史刘湘客、吴得

操、毛寿登上疏论承胤专擅，俱廷杖落职。兵部郎朱容
藩论事与承胤左，遂以总督虚衔远出川陕。

永历元年丁亥正月，承胤胁驾入武冈（永森按：《小
腆纪年》：刘承胤请封郭承昊等为伯，御史毛寿登驳之，承胤逼
王立下廷杖旨，缚寿登等于行在午门外，诸臣申救得免，仍落
职。承胤益横，遂劫王于武冈，瞿式耜疏请留跸全阳。王制于承
胤，不能用。又按：《明史稿》《南疆绎史·武冈播迁始末》
谓：王以三月幸武冈。《东明见闻录》以为五月，徐氏参考《行
在阳秋》诸书，以承胤四月劫王播迁，至五月十四日甲寅，始改
武冈为奉天府，此录则云正月，互有同异，未知其孰是）。三
宫号泣登车，朝臣不附承胤者，各跟跄逃匿，卓、操故
辙，今又复见。于是改武冈为奉天府，一切朝权俱归承
胤，又有傅作霖为之羽翼，数月以职方躐大司马。宸衷
虽切幽愤，然受制跋扈，惟恭嘿垂拱而已。驾行，报粤
东□兵于二月内袭破梧州，直趋平乐，无敢抗一臂者，
留守鼓励焦琏严兵以待。□兵由朔阳进薄会城，焦琏身
先陷阵，血战北门外，斩首百十级，□兵奔败，焦琏鼓
锐蹑追，尽复平、梧之地。（永森按：《小腆纪年》：王师
从平乐长驱入，桂林虚无甲兵。瞿式耜召焦琏于黄沙镇，琏率骑
三百人赴之。时山水泛溢，士卒从水中行百里，水及马腹。至
江，得渔舟二艇，次第渡之。初十日薄暮，抵留守府，式耜拊臂
劳之。明日，王师数万猝至，一卒仓皇奔报，气急舌结，手东西
指，式耜笑曰："敌兵至耶？何张皇若是？"俄数十骑乘虚突

入文昌门，登楼瞰留守署，矢集式縀纶巾，式縀叱曰："何敢尔！"呼焦琏，琏袒臂控弦提刀至，发数矢，应弦倒。琏士卒闭城门，王师之入城者不得出，绕城走。琏复杀数人，乃弃马越城下，琏二百人开门追之。王师自渡江来未有抗衡者，见琏出，方错愕，而琏引骑直贯其营，左右斩首数千级，冲王师为三，已复合围之。琏大呼入，戈刃所及，血雨肉飞。诸将白贵、白玉亦开城出，追奔数十里，桂林获全。论者谓南渡第一功也。）先是，丙戌冬，□发恭顺、怀顺、致顺三王（永森按：孔有德崇德元年封恭顺王，尚之信封智顺王，耿仲明封怀顺王，致当作智，此误）取湖南。丁亥二月初，至岳州。二月十五日，扑新墙，我兵失利；又扑潼溪，潼溪亦溃。十八日，三王距湘阴二十里下营，总督躬率将士登陴，坐城楼誓曰："城亡我亡，湘阴城，我棺材也！"诸将泣劝："且留有用之身，再图恢复。"总督谓："拮据两载，心血用尽，此而不能恢复，更何望哉？"及黎明，有土、马标二副将领甲兵数百斩关而入，径上城楼，不交一言，将总督挟腋而行，总督力不能脱，拔刀自刎，二将夺刀。及出南门，□兵已至城下，复从东门出走关王桥，仍收集满大壮、吴胜、张星炫、覃裕春等兵，著定扼住桥头，另候进止。总督至长沙，执督师手痛哭曰："相外将内，客强主弱，事势久不可为，全凭公与某一片心血支持两载。湘阴不守，则长沙亡在旦夕；长沙亡，南天一壁从此瓦解！"语罢，复哭。督师誓以身殉封疆，惟勉慰总督王佐才，珍重此身，以造中兴。总督云："某今年必无生理，元旦梦周、蔡二公吉服迎某入公署，若应此梦，得死所矣！"

澧阳伯王进才以事急，请方略，督师曰："今日大敌压境，我与若同受利害。此时不战，我惟自分一死，若属老营为□有矣！"进才亦奋励自矢，请檄调马进忠、王允成水陆齐下。时忽报滇营官兵自江西回到宁乡，督师喜语总督曰："滇师勇敢乐战，在江西颇著声名，今日来，添我一臂矣！但赵、胡二将素德公，必须公往，可立致也。"盖总督与赣抚李永茂同年友，每于手书称述滇将赵印选、胡一清在赣战功，总督升北抚时，特疏题二将开镇，是以有夙谊也。总督渡江行里许，见城内火起，复转至江干，遇监军姚大复，复云："因亲兵副将姚友兴兵与新王营争营房，相攻杀，城内焚掠一空。督师亲出解纷，一炮从项间过，衣领焚焦，督师不知也。"总督步行至城阄，王营严兵拒沮，不得入，仍渡江夜□，此二月二十三日事也。次日，至宁乡，滇营先一日行，城中虚无人，总督系念督师，次日仍还长沙。渡江将抵岸，清骑突出丛射，镞及船舷。讯之渔人，始知长沙二十五日已为□有，督师死不出城，王进才遣将官强抢上船而去。总督遵路仍还。

三月初一日，至宝庆，王、马三营于湘乡、新化一带大肆焚杀。总督差参将冯士杰持书劝谕，留此孑遗，以资粮饷，三营愧服，戢兵安民。总督差官探确督师已至衡山，遂将宝城付按院李公膺品，身驰十数骑往衡山。时霾雨泥泞，御湿无具，《题邵阳旅壁》云："春雨不肯住，随云到奈何？天心今若此，臣死矢无他！肝胆坚移谷，头颅赠枕戈。读书羞《宋史》，到底不言和。"又《邵阳道上有感》："将军只解出南塘，空号貔貅驻下湘。晋室清流传甲胄，桃源高迹换疆场。丧师娇拥鱼沉色，弃仗牢拴雀篆章。指顾河山还在手，宁辞病骨炼风霜。"又《邵阳道上寄蒙子》："天能生人地能载，凿破洪荒失所在！雷轰电掣走巨灵，鼓浪掀风喷海沫。中有正气横古今，日月争光许我辈。旄头夜白野狐鸣，金瓯扑落河山碎。天柱将倾一手扶，折臂难支负以背。明珰貂锦错列侯，指画从容轻边塞。一朝决裂智巧殊，枉有雄文夸百代。欲留慷慨身后名，要识生前不假贷。血为水火心作炉，熔铸湖南土一块。指心誓日与子期，死报君恩身不爱。浩气直压岣嵝巅，摩挲雄剑腰间佩。"

总督三月十三日与督师死生重聚，悲欣交集，几同隔世。时张先璧自吉安退还茶陵，前营副将满其兴领兵一千至湘潭，督师檄令其兴从湘潭一宿河设塘直至衡山。又探听张先璧欲走弋阳小路，总督语督师曰："我兵新败，惟先璧尚是全师，某请亲往督调来衡，以资守御。"凄风苦雨，冒险驰驱，道中遇先帝朝司礼太监王坤，目击劳瘁，嘘叹久之。先璧见总督亲到，即于三月二十日振旅来衡，总督促督师先至衡郡弹压，以救地方，又飞调滇营亦赴衡阳，总督自留衡山驻扎。

不意衡山有逆衿二十人，见督师、总督俱在一城，潜往长沙请兵，云二督就擒，南方数千里弹指可定。□师留十人为质，以十人向导，五百骑晓夜疾驰，沿塘迅扫，副将满其兴被杀。总督见一夜塘报断绝，心切惊疑，差董旗鼓哨探，行十里，闻警驰还。总督以八骑出南门，即遇□兵，问二部院何在，诡对曰："在里面。"复拨马从西门出，至桥头，恰遇赵印选、胡一清领兵数十前来，见□兵大队飞追，二将大呼："快策马过桥，某等险阻拒敌，虽万骑不能飞越也。"□兵压桥三次，二将连镳杀十数人，□兵退，遂杀向导十人。又跟追二十余里，二将夺敌，又杀数人，再行十余里，二将计曰："敌见我兵少，势必再来；前去平坦，惟此地险隘可持。"又发人命后塘放炮接应，以张声援。计毕，□兵大队果至，见二将布置已定，又闻山后炮响，对立良久而去。二将又伫望移时，按辔行还衡，此三月二十九日事也。薄暮至郡，总督向二将称谢，且语督师曰："今日非二将军，不能重会矣！"二将谓："某等沐特达之知，虽捐糜不足云报，况区区小战乎？"督师亦慰劳二将，并励后效。

张先璧之来衡，原迫于总督之亲往，非有御敌捍围之心也。且其兵素无纪律，在衡强奸民女，居民喊禀总督，即将犯兵置之法，先璧饮恨而已。先璧见滇营兵仅五千，将有吞并之意，赵、胡二将知之，移营路口，整备以待，遂不敢动。先璧知势日急，托言粮饷匮竭，不能久驻，径自拔营而上。又令各将围挟督师同行，至二十里外，先璧置酒婉劝，二公坚不许。先璧就地四拜曰："某自知负国负师，罪过深重，然亦不能顾矣！"先璧至宝庆，焚掠奸杀，民不堪命，犹然一王、马矣！嗟乎，衡阳之失，先璧先弃之矣。此四月十四日事也。

先璧既去，二公至祁阳，马养麟已先遁，粒食维艰，严户部自永州飞送米数石。十九日，督师上永州，总督仍留祁阳，正发闻报，星驰至祁。先是发动支驿饷，买马六十余匹；又副将李大金、张绍孟、都司刘大才等随带马三十余匹，并兵丁三百名；又蔡演造就鸟铳二百箅，俱到祁阳，稍壮军容。上在武冈闻太监王坤之奏，特差太监杨守春持玺书慰劳，加督师上柱国、太师，加总督兵部尚书，赐上方剑，便宜行事，一应机宜，先行后奏，以刘承胤阻挠故也。

上苦承胤专横，亲书密诏除刘救驾，天语极为悲切。杨太监又述上谕，内廷俱系刘党，要荐正人以备选用。总督遂疏题正发为翰林院庶吉士。疏云："正发以诸生起兵崇阳，臣服其勇；弃家不顾，仗策南来，臣服其义；甫解橐鞬，遂登贤书，臣服其学；帏巾运筹，盾头草檄，臣服其才；督催饷务，裒敝肘见，臣服其廉；与臣同事两载，不肯离臣一步，不屑求人一官，臣服其静而正。"云云。疏上，奉俞旨部覆，为承胤所沮，遂以兵部司务改授翰林院待诏。

总督正欲收拾整顿，再图恢复，忽报□帅差官持书招安，已到对江武自强、白良辅营内。次朝，武、白果差官送来，总督即令斩之。密探得武、白又差人往衡，事属叵测，遂于四月二十七日五鼓，从黄杨司前往东安，于白牙桥扎二日。五月初一日，至县，遂驻节焉。（永森按：《小腆纪年》：卢鼎守衡州，张先璧兵突至，大掠，鼎不能抗，走永州。先璧乃挟腾蛟走祁阳，走辰州，腾蛟还走永州，大兵至，鼎部将复大掠走道州，督师何腾蛟退驻白牙桥，兵部右侍郎章旷退驻东安。）自□帅据长沙，从浏阳投降者董英也，从弋阳归降者王允成也。□帅至衡，从燕子窝出降者黄朝宣也。朝宣降后，子女玉帛俱非己有，复愤悔思逸。□帅发数十骑伏花药寺巷口，俟朝宣出，夹射之，死于乱箭之下。而朝宣营将在外者皆闻声上奔，总督遣旗鼓董宏猷、李大金、中军秦相百等，于洪卢司丫路口各路持令招集。各将脱阱之兽，喜得所归。副将张韶领兵二千，副将黄家臣领朝宣内丁八百，参将贺上选领兵五百，衣甲器械俱全，马三百匹，皆相率来归总督标下。又差副将王凤昇、参将王廷祥、方升等往广西柳州招募狼兵交铳手三千，又就东安招枧上林三鼎、三锡长钯手五百名，又招社塘丁上楚杀手八百名，又募取各处铁匠打造交铳三千箇，军声渐振。

总督与正发形影相依，眠食与俱，筹兵策饷，甚费焦劳，而总督下血之病，日渐日剧，饮食渐减少，发甚忧之，总督不自知也。督师驻永，上命杨太监密敕召赴武岗陛见，因刘承胤横肆日甚，且阴蓄异谋，有废上立伊婿岷王之意。刑部尚书杨乔然公正不阿，言事与承胤忤，挥拳殴击，头面受伤，廷臣莫不股栗。上与姜皇亲密计，急召督师入内，示弹压。督师于五月初旬从石矶站渡江，而站中不逞之徒误以为督师之行遁也，持梃刃邀劫，不得行。总督闻之，发数十骑往护，始解去。督师怒，欲命滇营屠站中人，总督力劝分玉石，止缚首乱者二人，磔而枭示之。

督师既入觐，永城遂空，严户部遂移驻白牙桥。□遂遣数百骑入永，张示安民，永城遂为□有。总督遣总兵周金汤、熊兆佐、副将李人金、张绍、黄家臣等领兵三千恢永，□骑闻风奔去，我兵追至祁阳，过熊飞岭，直抵排山，分汛扼守，去衡郡仅百里耳。

时湖南大饥，万缗不能市斗米，欲仰给全阳，被妖人王伦鸠合亡命据宜湘口，依峻为垒，阻舟航不得进，比间皆菜色。总督与发计曰："若辈处堂何知？兵至可擒也。"遣标将董宏猷午夜击破，诸盗悉平，楚、粤道坦，米价顿减。又致书瞿留守，求通枭籴，匪独兵资腾饱，湖南数百万沟中之瘠赖有起色，不仅东安一隅也。

东安弹丸之地，财赋几何，刘承胤又差二副将坐县收民租。总督与发定计，捕二将斩之。随传檄入武冈，历数承胤十大罪，并移檄张先璧、曹志建、郝永忠、马进忠等，共勒勤王之师，以安乘舆，而张先璧已先逼城步县，声罪致讨矣。承胤见各勋环戈为难，气焰稍沮，又虑督师出为葵丘盟主，在武冈必至居中内应，竟欲絷维幽闭，将图不轨。又断绝往来，如内阁吴炳、总宪李若星、大司寇杨乔然、兵科姚大复皆屏息惕惕，不敢与督师通起居；惟姜皇亲密语督师早为计，毋堕奸阱。督师密疏奏上云："臣在外则上安，臣在内则上危。臣在外则承胤恐臣纠率诸勋讨逆，不敢他萌；臣在内则身为孤注，号召不灵，承胤无复顾惮，皇上与臣俱危矣！"又潜约滇营赵、胡二镇订期接应。越数日，乘间出城，策马飞奔十数里，即遇二镇领兵至，承胤塘将发大炮击督师，炮高人下，一无所伤。及承胤追兵蹑至，督师已入滇营，中军二镇奋杀，刘兵败还。（永森按：《小腆纪年》：何腾蛟入谒，王及太妃皆召见慰劳。初，腾蛟荐刘承胤，由小校至大将，称门生。已渐倨肆，腾蛟不能制。王遣中使密召腾蛟为计，然腾蛟固无如何，且无兵，命以云南援将赵印选、胡一清兵隶之，守白牙市。及辞朝，赐银币，命廷臣郊饯。承胤伏甲将袭之，印选、一清力战歼其众，承胤讳之，王亦不能问也。）

六月既望，督师率滇镇同至白牙桥驻扎。时兵饷久匮，总督仰屋无措，因面商督师，会题正发户科试给事中，经理恢抚兵马钱粮，奉俞旨颁给敕防。刘承胤因怨丛衅深，复欲与总督修好，故不挠其事也。发脤兹宠命，日夕惶惶，爰设法鼓铸，以裕钱源。于石矶站开炉一百二十座，委效劳知县方镇管理；白牙桥开炉二百座，委参将郑宗文管理；小江口开炉一百四十座，户部主事臧煦如专理。又全州、东安绅衿有愿助兵饷粮米，授文武札衔及贡生生员者，听其乐输，一一移檄总督给札，是名例饷。

斯时总督病日加重，日夜下血十数次，体益羸弱不支，然犹扶病视事，自黎明以至夜半，黾勉不遑。发泣曰："师体如此，宜节劳省虑，为封疆宗社保爱万全之身，以图再进。"师曰："人以身病为病，我以国病为病。但得粮饷不竭，兵士鼓锐恢复东下，身自霍然矣！"总督驻东安数月，湖南节义之士莫不闻声影从。衡州举人王介之、夫之（永森按：夫之字雨农，号姜斋，衡阳人。崇祯壬午与兄介之举于乡，以瞿式耜荐授行人，转徙楚、粤、滇、黔、闽，缅甸既覆，隐瑶峒以终，学行详本传）、邹统鲁、夏汝弼、李跨鳌、管嗣裘、吴汝润、周士仪，虽匿影南山僻谷，或密报情形，请商方略；或悲歌唱和，缄寄诗篇；风雨邮筒，间道不绝。又有来阳举人（永森按：湖南衡州有耒阳县，来恐耒字之误，考县无来阳名者）廖应亨，武昌举人蔡之俊，宗贡生朱盛灿、朱容椒，中书科

245

周震与翰林院检讨刘季镶（同升子）、兵科给事万六吉（元吉弟）疏参逆胤，避祸而出，先后齐集东安，皆以总督为依饭。一时文人辐辏，旁午之暇，樽酒拈韵，乐此不疲也。

总督见粮饷稍可支持，兵马休养已久，加以滇营又到，遂与督师共商：东安掌地，若再持久，粮竭饷尽，势成鸟兽散，不如决计东下为得算也。七月七日，自东安起行至石矶站，师下民房，将分司驻发，发谦让不居。师曰："我是已成之章总督，君是新起之蒙户科，正欲借此弹压兵民，勿让也！"薄暮，东安知县敖化龙馈酒醴果肴至，师与发饮，微醺，师携发步入竹林山冈，正仰卧林间，语发曰："死便葬我于此。"发曰："师真醉耶？胡言之谬耶？"

初八日，抵永郡，驻东海王孙宅上。初十日，副将王凤昇自柳州募到狼兵交铳手三千到永，师大喜曰："此潼溪制胜之长技也。"遂即以所募兵属凤昇统领。又全州贡生蒋成龙募兵一千同到，亦命隶凤昇辖下。爰定恢抚营制，五副将，分中、前、后、左、右，随遣王凤昇、李大金、黄应元各领兵前往祁阳关口防御。去后，发因查核各处炉场月钱，并东安未完例饷，才离永五日，师差数骑星驰召发，发寅夜遄归，见师容骨立，气息奄奄，相抱痛哭。师曰："吾病不起矣！特请回作生死之别，并付封疆大事。"师下血之病，转成肠垢，滑痢日夜数十次，五内痛楚，呻吟不绝声。每呻吟一声，则呼发一声，发随应一声。

七月二十日，召诸将至榻前，将恢抚营务、兵马册籍、北抚关防，一并交发署理。发挥涕曰："某虽属师生，恩同父子，从事三载，夙夜黾勉，况师体抱恙，发敢不竭其愚钝，稍效万一。幸惟安心调养，内外诸务，发自任之，不必有此举动！且发受兹重畀，责有攸归，倘败乃公事，致吾师失知人之明，为他人笑，发断不敢闻命也。"师作色曰："子欲气死我耶？既不承受，终无著落，如何安心调养？"发只得唯唯。

二十六日，师命人扶坐榻间，作书与督师辞诀。捉笔，指不能运，遂口授曰："某病不能起矣，不能风雨晦明奉教左右矣，不能周旋鞭弭共事中原矣！遗大投艰，独劳先生，谁复与先生分一臂者？某独何心，能不悲哉！户科蒙正发原在先生门墙，其人才品，先生所悉，已于本月二十日，当诸将付以恢抚营务。某死之后，乞先生特疏题补事。付托得人，死可瞑目。诸标员从某驰驱日久，忍饥寒，冲锋镝，义矢无二，其忠勤有可知者，幸先生驱策之，以相与有成也。放笔昏绝，永从此辞。"督师览书恸哭，作字安慰，极其酸切。略云："老夫耄矣，生亦无益，惟瓣香顶祝天地鬼神，乞留公斗岱之身，以兴明祚。蒙户科大用之才，恢抚事务，且暂署理，诸将两标一体，原无分别，俱不必作事后之虑也。"发自受事以来，即就师榻前置几案批答文卷，料理各路军机，仍奉侍汤药，应答呻呼，衣不解带二十二昼夜。发又诣永郡内外各庙祠寺观行香焚疏，愿减寿一纪，为师延算。督师曰："遣官候病，甚切忧驰。"

八月初三日，师作《绝命》诗二首云："莽莽乾坤咫尺芜，秋风五丈失支吾。千年黄土扃雄剑，一寸丹心冷壮图。报国未能空愧死，渡河有恨只频呼。难寻净土堪埋骨，魂诣高皇索旧都。""批颊声声未肯明，河山笑掷一毛轻。坐看玉筭沉千古，空伴铜驼泣五更。今世何时惭后死，此身无用忍求生！湖干欲听华亭鹤，武穆祠前秋水泓。"

初五日，自作遗表，命死后进呈：

为臣病已笃，臣志未伸，谨沥血泣辞，效忠重泉事：臣以七尺书生，谬膺封疆大寄，过蒙国恩，滥叨节钺，躐级中枢；龙光之晋，极其宠荣，报称之劳，全无尺寸。犹冀臣年方壮，尚不即填沟壑，庶竭驽骀之力，稍收桑榆之效。不意丙戌春，事机丛脞，智力短浅，积劳成瘁，遂成下血之病；随值新墙败绩，愤怒伤心，又增呕血之症。拟欲请乞骸骨，以时势日亟，不容息肩，恐蹈规避之咎。奈疆事日坏一日，臣病日深一日。今年夏诘兵措饷，犹可力疾支持；入秋以来，饮食渐阻，血痢大作，连日昏绝，移时始苏。臣之死期已在旦夕。

窃念臣任封疆，进取是职，不能厉兵秣马，克复长驱，而以□遗君父，臣罪一也。臣身为总督，不能弹压远迩，致诸勋水火成形，失地丧师，臣罪二也。臣屏藩在外，不能兴晋阳之甲，立讨君侧之奸，致逆勋刘承胤跋扈不臣，以尧舜之主，而抱灵献之忧，臣罪三也。皇上春秋鼎盛，圣敬日跻，中兴可期；天夺臣算，不能长效犬马，聿观周宣、光武之隆，中道捐弃，事主不终，臣罪四也。臣负兹四罪，虽万死不足以塞责，伏乞皇上削夺臣官，以为有罪无功者戒。

顾国家大势，祸胎养成于姑息，军机多挫于内讧，臣愿皇上大奋乾断，明功罪，信赏罚，慎名器，养残黎，及早返跸西粤，居万全之地，以慰天下臣民之望。南湘半壁，付督师臣何腾蛟专理，辰、常一带，付制抚臣堵胤锡支撑，辅臣严起恒休休有容，刚柔交克，若与辅臣瞿式耜同居政本，必有可观。臣鬼箓中人，不应言及国家事，但耿耿寸心，不随身死。臣死之后，定拟哭诉二祖列宗之前，默佑圣躬，迅扫膻氛，收还两都，重光宝历。臣志伸，臣愿快，臣死且不朽。伏枕瞻天，稽首泣血，仰祈睿鉴。为此具本辞谢天恩，臣无任悲愤感激之至。

初六日，师简阁部杨公嗣昌所著《兵饷》一卷付发曰："我不如文弱，子才不减万吉人，吾子勉之！"随命董君达启行搜所存饷银四十八两，命发执笔，口授谕帖曰："恢抚部院章谕各路防守诸将：本部院病已危笃，不能与门下终始共事，前驱进取，有负国恩。今外□内寇，望汝辈为我雪未雪之仇，本部院虽入九泉，倦倦以望捷音也。本部院死后，切勿以奔丧为由，擅离汛地，有误封疆。务须坚心固守，静听督师调度与蒙户科指示。仅存饷银若干两，均平诸将，每人若干两，以致永别之意。门下报国，即是报主，本部院虽死犹生矣！"

初七日，命董子启行取酒来，与发作别。且云："感足下三载共事，有如形影，无如鬼伯催促，幽明千古。"正发号哭仆地，师正色厉声曰："吾以祖士稚、刘越石望子，奈何效儿女子态，作哀哀断肠声耶？"遂把盏酌酒劝发饮三杯，师亦吞三咽。饮毕，拱手揖发曰："请了！"自是不复与发语，发问亦不复应。董子启行，师股肱心膂之亲人也，呻吟之际，启行问曰："病已至此，家事独无遗命乎？"师曰："吾自服官入楚，已无家矣，夫复何言？汝若生还，但嘱吾儿不必读书。"

初八日申刻，呼启行曰："董家宁馨，外□内刘，皇上在哪里？"少顷，又呼如是者三，忽大叫一声，遂尔委蜕，盖丁亥八月初八日亥时也。是夕，督师见大星如斗，自南天坠下，光烛普地。督师惊愕曰："于野其不禄耶？"翌辰，讣音报督师与户部严公及各路营将，督师大恸，惨□三军，各将撞地号天，如丧考妣。发先期命永州同知掌府事傅本斗动支官银一百两，买蒋乡绅杉枋一具。初九日巳刻，大殓，适宜章伯卢鼎自道州候病至永，拊棺痛哭。正发与董启行哀毁忘生，仅存一息，宜章劝发："大事丛集君身，过伤无益，幸抑情强饭，料理军务，正所以报章公也。"发行文各将，遵先师遗命，不许奔丧，务严饬堵御，以巩万全。

十一日，正发差官上总督遗疏，并报病故日期。同日，督师亦具疏题报，又一疏题太仆卿郴桂道吴晋锡升补北抚。盖督师于隆武二年题晋锡郴桂巡抚，廷议不允，至是，参军丁元相为晋锡请曰："吴公名进士，且前题开府未遂，北抚一座，舍此其谁？"督师从之。十六日，晋锡行文知会各将，取职名兵马册籍。发见文欣跃，如释重负。楚人原无官楚之理，前日为先师病笃，恐拂其意，故为勉承，今日实获我心。遂将北抚关防官册籍一并移送督师，并行各将遵照。各将谓："先主以我等付托户科，以户科与我等周旋，久习知我勤苦。今易箦才旬月，遂以我等属他人。户科即可背，先主不可负也。"各将心殊怏怏，无固志。□帅闻章总督卒，喜曰："二敌去其一，吾无惮矣！"

八月二十二日，袭破排山，并夺熊飞关，诸军多内溃。正发语董子启行曰："师檥未举，敌若旦夕至，发誓以身殉。但得项膏白刃，早从先师地下游，固愉快也！"启行同以死誓。诸将见发坚守不动，遂相率扶檥，发与启行挽绋登舟，至石矶站，佥谋卜地。发曰："师有治命矣！"遂于前日竹林小冈先师醉卧之处，壬首丙趾而瘗玉焉。督师驰至石矶，抚灵床躃踊长号，兼述共事之情，且哭且诉，两标将士莫不洒涕。督师亲撰诔文曰：

> 人臣死忠者三，曰激烈，曰从容，曰劳瘁。激烈以刚怒死，从容以坚贞死，劳瘁以忧勤死，死虽不同，死忠则一也。孔子曰："殷有三仁焉。"去者、奴者、剖心者，迹似悬殊，孔子俱以仁为断。众人论其迹，圣人原其心耳！
>
> 癸未，腾蛟承乏楚抚，时楚北皆入□版，公以孤城文吏，独保沔州。境内不轨，勾贼为奸，公次第剪除，以靖内患；左营鱼肉沔，强掳民女，公缚而投诸水，以靖内扰。公知贼梳兵篦之害，悉撤客兵，自练土兵，与□将白旺相持三载，遮蔽长江，使□不能飞渡，蛟得免于覆觫者，藉公长城之力也。蛟屡上公功，三请藩宣，被谗间所沮。

甲申冬，庚癸呼亟，烦公转运湖南。乙酉春，左梦庚问鼎留都，蛟投身汉水，劣得更生，复至湖南，与公重聚。天骄内肆，闯逆伏诛，两都沦没，匝地腥膻，仅留南天一块土，为我与公拮据瘁瘏之区！维是张先璧荼毒于辰阳，刘承胤虎踞于黎靖，公单骑解谕，悉归戎索，崎岖虎狼之穴，出民汤火之中。继而左标、闯部穷而无归，公挺身招徕，肉袒倾城。复以客兵难驭，爰整亲旅，诘兵于黔、粤之里，措饷于无米之炊。蛟在长沙，居中调度；公驻湘阴，临边自将。一将一兵，费公推置；一壁一垒，费公分布；一士一民，费公保护；一机一宜，费公眠食；一缗一粒，费公焦劳；一劝一镇，费公调剂。心血几何，能不病哉？蛟也鲁拙，每有方略，费公讦谟；每有过失，费公匡救。心血几何，能不病哉？又以同人参差，事多掣肘，隐忍弥缝，更费苦心。心血几何，能不病哉？

迨至强敌冯陵，我疆日蹙，新墙之挫，呕血盈升，公病已剧。湘阴不支，立誓身殉，众将夺公，虽不得死，公病又剧。策蹇潆水，泥涂雨雪，痛念提封，昏仆马下，公虽不死，公病又剧。衡山险厄，几落危机，跃马桥头，目击丑类，眦裂发指，怒气欲吞，公虽不死，公病又剧。跋涉雁峰，渴餧浯溪，以至东安，外集残兵，内合劲卒，振军声于菜色之时，复残疆于桑榆之日，公病剧已极，而公死矣！

武侯曰："鞠躬尽瘁，死而后已。"二语八字，的的为公行实。呜呼，公其死矣！蛟固知公之必死久矣！然而蛟又不知公之必死也。盖知公之必死者，知公之心；不知公之必死者，感公爱公，祝公望公，不忍作此不祥之想，此又蛟之痴心也。呜呼，公其死矣！公其忍心舍我而去矣！今而后，进退死生，谁复与蛟共安危者乎？密座促膝，谁复与蛟共筹策者乎？纷纭险阻，谁复与蛟分仔肩者乎？昏耄举动，谁复与蛟规舛谬者乎？风风雨雨，谁复与蛟相慰劳者乎？

呜呼，公其死矣！然而公之心则愿以激烈死，不愿以劳瘁死者也。向使公摄甲行间，冲锋冒镝，蛟知公必为关壮缪；向使公独守孤城，□骑重困，蛟知公必为张睢阳；向使公身陷贼中，义不受辱，蛟知公必为颜鲁公；向使公衡山失机，身落□手，蛟知公必为文信国。诸死皆不得遂，乃与诸葛丞相辉映千古。且诸葛以八月死行间，公死行间亦以八月，何其先后一揆也？语曰："人之相知，贵相知心。"公固知蛟之心者也，蛟岂不知公之心哉？

蛟今年五十五矣，公年三十六耳！五十五者不死，三十六者先逝，鬼伯无知，谓之何哉？且汉江之水滔天，可以死矣，而不没；长沙之炮焚领，可以死矣，而不伤；武冈已陷凶阱，可以死矣，而复脱。万死一生，留此顽钝之身，以守残局。蛟可以死而不死，公不可死而死，上天苍苍，独何心哉？呜呼，招魂不复，抚床如生，恨深九泉，惨达层霄。洒血披衷，公灵鉴之。

祭毕，督师还白牙桥。正发又住石矶数日，茔圹事竣，带十数骑诣谢，遂住东安旧馆。恢抚诸将复泣请正发视事，发曰："吴公旦夕且至，诸君当静听朝命，安可以意为从违耶？"越数日，督师赍奏官回，云："上得遗表，挥涕呼我督臣者三，声彻殿廷。"吴晋锡北抚命既下，督师以军务不可久旷，送敕印催其即日受事。晋锡至东安，择吉莅任，诸将起曰："某等数月无饷，馁窘万状，今得新总督，有凭藉矣！"晋锡闻之，竟挟印遁去。

九月初五日，□兵夺永城，哨及石矶，北抚吴晋锡自东安山中纳印出降。滇帅拔营走八十里山，入全州万乡，遂强督师同行，内阁严公亦移入全州矮林，依原长沙道邓承券托焉。正发与恢抚诸将由宜湘上全州，诸将复环正发请曰："先主弃世，我等见公如见先主，身虽武夫，义气为重，实不愿属他人，惟公主持之。公如见拒，即日四散作响马矣！"发不得已，与诸将约：毋降

□，毋害民，毋私斗。诸将咸唯唯遵约束。

抵全州，州守误以为郝、卢兵，闭门不纳。中翰周震，留守题授监事御史，适在全城，望见旗帜，曰："此恢抚营兵也。恢抚纪律素严，民皆无恐。"遂开门出迎。发语震曰："□在门庭，州城守乎？弃乎？"震曰："守乎。""本营官兵留乎？去乎？"震曰："留哉。"发遂同震进城，与州守马鸣鸾议粮饷。又致书留守商机宜，州守会各乡绅公议捐助。各绅乐输粮米，约计三十石。议每兵每日米一升五合，钱十文，马料谷日三升，兵丁各给十日粮，将老营驻扎湘山寺。发总兵王凤昇同三副将领兵守黄沙河，以当孔道之冲。总兵周金汤、熊兆佐扎三叉铺，以防宜湘小路。

时九月初十日，探人回报：□帅三王各分一路进兵：恭顺领武冈路，怀顺领永州路，智顺领常德路。恭顺过紫阳河，承胤标将陈友龙殊死战，屡挫敌锋。承胤驰令禁友龙不得战，又不发救兵，友龙败还。恭顺离武冈山三十里下营。承胤轻骑出降（永森按：王船山《叛臣传》：□兵至石羊渡，承胤退坐营门，召诸将议，皆请死战。承胤不语，入幕中修降书，遣使诣孔有德降。使返，与承胤耳语良久。乃遣片纸奏上，言："敌势大，陛下宜自为计。"上乃仓遽出奔。城门不开，庞天寿等麾壮士以利斧断扃锁，上单骑走，承胤遂开关延敌入），且许献皇上为贽。恭顺疑其诈，不纳。承胤复回至武冈城外北寺，薙发而往。恭顺纳之，待以宾礼。

承胤因一再往返，是夜遂不及入城。然承胤出降之先，将城门封锁严密，不许隙通。二更时，皇亲王维恭、维让与掌院事张同敞，锦衣卫马吉翔、吴双，兵科吴其霝，礼科洪士鹏等相率在廷，同会刘承永曰："令兄如此举动，将欲以皇上作晋惠、宋钦耶？"承永曰："家兄此行，正是挺身当锋，以保皇上耳！"诸公曰："既是如此，何不开门，待皇上移到靖州，不更便耶？"承永尚迟疑，诸公又请承永母出，恳切言之。母曰："吾儿既不肖，自陷其身，岂有复陷皇上之理？"立命取钥匙来，诸公即入行宫，扶拥上驾并三宫上马，夺门而出。二十里，上曰："靖州不可往，当从间道走广西。"遂觅小路走古圫，至柳州（永森按：《小腆纪年》：王师破常德、宝庆，且逼武冈，王召刘承胤谋之。但言我兵多，敌决不来。王疑而察之，则承胤已密议投降。乃与辅臣吴炳议，由古圫幸柳州）。踔数日，仍移桂林。

恭顺至武冈，见上驾已行，遂发千骑径追靖州。至靖不见，大肆杀戮，无不残灭。承胤既降，仍居旧第，内阁吴炳、吏部尚书李若星、承胤中军邹山死之。刑部尚书杨乔然与承胤不合，先期请出督川兵，得不及难。兵部尚书傅作霖不屈，承胤劝之，作霖大骂曰："我以汝为必不负国，凡事将顺，中外莫不指摘，以为汝党，我被汝蒙恶声久矣！今岂肯同汝作狗彘耶？"拽见恭顺，益加怒詈，遂死之。（永森按：《小腆纪年》：大学士吴炳奉命扈世子走城步，既至，而城已为王师所据，被执，送衡州。炳不食，自尽于湘山寺。傅作霖，武陵人，夙与承胤善，故骤得迁。及承胤降，作霖勃然大骂曰："吾以汝为人，汝挟天子作威福，致天子蒙尘，罪已不容于死，真狗彘不为也！"王师入城，作霖冠带坐堂上，承胤劝之降，作霖唾其面，遂遇害。妾郑氏，有殊色，被执，过桥，跃入水中死。）

承胤亲引恭顺直捣黎平，督师母太夫人、妻王夫人与次子并家属百余口俱被执。以彭而述为贵州巡抚。智顺至常德，王进才、马进忠退入澧州，进永顺土司。制抚堵胤锡亦同往焉。偏沅傅上瑞献营王以降（永森按：上瑞，武定人，为武昌推官。初为何腾蛟所荐，至偏沅巡抚，性反复，弃腾蛟如遗。武冈破，遂降。逾年，金声桓事起，当事者虑其为变，与刘承胤并诛死）。沅州偏桥、镇远，直抵黔中，悉为□有，而沅州杀戮尤惨。

上跸桂林，召内阁严起恒入。十月朔，督师率滇营由西延至兴安驻扎。初，督师至八十里山，闻武冈之警，即驻兵新宁界，飞探皇上消息，拟率滇营为勤王之师。后闻辇路无虞，移驻粤西确报，遂出兴安，复与发合。督师致书，深悔前过，并慰发营。

督师驻兴安三日，恭顺差督师至戚持手书并贵阳王金印一颗与夫人家报至。来人述恭顺奉养太夫人甚厚，保全眷属，恩礼备至，督师皆不听，将书印抵地，命绑来人斩之。左右解劝良久，始释。即日备述家难，缮书以闻。督师又念上自播迁之后，朝臣失散，扈从寥寥，遂荐正发入内。疏谓"今日朝廷封疆，呼吸一体。科臣蒙正发久历行间，谙练机务，若使其入司封驳于内，臣办战守于外，其间缓急事宜，应若桴鼓"等语。奉俞旨，敕召正发入行在供职。发将见在官兵马匹造册面交督师，诸将送行哭别，恋恋不忍舍。发嘱诸将曰："先总督师事督师，诸君尽力于督师，即是报先总督。其努力建树，无堕恢抚声灵，[发]在内，不患无懋赏也。"董启行原与发生死相依，因闻逃寇王伦投怀顺，请发章总督墓以快报复，石矶父老诣怀顺哭诉总督恩德，伦坐诬见杀，启行丘墓关心，遂留全阳。

发于十一月初三日，赴桂林陛见，适本科员缺，遂掌科事，兼管刑科。是时留守首辅瞿式耜兼掌吏部尚书事，内阁严起恒兼掌户部尚书事，侍郎萧如韩原名萧琦，掌兵部尚书事，兼掌都察院，侍郎于元烨掌刑部尚书事，户部侍郎张尚管、鼓铸李和鼎为通政司，兵科给事中吴其霱掌兵科兼掌吏科事，礼科给事中洪士鹏掌礼科兼掌工科事。廖应亨掌河南道，汪□□掌文选司，朱俨锏掌职方司，张应斗掌仪制司，尹三聘掌虞衡司，吴侯鸿胪寺，文安侯马吉翔掌锦衣卫，总兵吴双锦衣金事，王坤司理太监，赵进秉笔太监。其余各衙门尽皆缺员。

兵部萧如韩媚事南安侯郝永忠，备极丑态，凡有拂其意者，即嗾永忠以兵力吓之。一日，永忠同如韩游靖邸独秀山，永忠折柳条作圈套，加韩项戏曰："猴子跳圈。"以如韩有猴子绰号也。如韩诒笑曰："我得为猴足矣！"闻者皆唾之。

十一月二十日，怀顺遣将同董英领马步三千，从间道袭全州，攻围累日。督师遣新宁伯赵印选、兴宁伯胡一清领兵援全，留守遣新兴伯焦琏标三总兵刘起蛟等领兵援全，兵由三路进，会合恢抚官兵，直抄□兵之后，□兵大败，董英仅以身免。阵杀千余人，得马匹数百，盔甲器械无算。□自大挫之后，不敢近粤疆一步。赵、胡二伯与新兴标镇刘起蛟等凯旋，惟留副将唐文曜领兵一千，与全州城守副将王有成兵八百，同监军周震、知州马鸣鸾驻全防守。

督师以恢抚官兵既隶亲标，撤回点阅，更定营制，凡属恢抚者，以王凤昇为总统。但凤昇为人忮刻且横，诸将多离心，潜投郝、卢者纷纷。全州守马鸣鸾与唐、王二将计曰："大帅在内，仅留我辈独支门户重地，孤注之势也。城不守，则必绳以失地之罪；守城，则众寡强弱不敌，无噍类矣！不如降之便。"二将许诺。十二月十二日，鸣鸾同二将潜诣永州请降，怀顺以为无据，不收；复回全说监军周震同降。震大怒叱骂，遂杀震，持震头与震敕印诣永，遂纳焉。十七日，二将领□兵二千骑入全州，西粤藩篱从兹坏矣！

滇师见全阳有失，遂将老营移入省会。先是，南安侯郝永忠自道州入桂林，宜章伯卢鼎自道州入义宁，督师调郝、卢同滇师与亲标复全州，皆以粤西为新兴汛地，且降将系新兴标员，各推诿不前。督师誓死坐兴安，上召亦坚辞不赴。郝永忠发罗中军领千骑往，胡兴宁自率马步二千往，然只为护从督师，不复问全阳矣！

督师以亲标兵单，命坐营熊兆佐往柳州募狼兵铳手三千，久未报命。永历二年戊子新正，上疏请正发往柳州监催，发奉敕即就道。二月朔，□三王会师大举入粤，胡一清手挟督师上马还者。□兵重围兴安，破之，尽屠其城，郝营千骑无一脱者。永忠大恚，将桂林官民劫掠一空。上驾踉跄又移柳州，再迁南宁。督师至省城，见乘舆已行，遂同滇营走永宁州。惟留守瞿公死守桂林，飞檄焦新兴上省，新兴见檄即趋，□兵已薄北门，新兴率诸镇鼓锐力战，□兵败退全州。（永森按：《小腆纪年》：自郝永忠乱后，王师疑桂林空虚，直抵北门。何腾蛟将三面出：胡一清以滇兵出文昌门，周金汤、熊兆佐以楚兵出榕树门，腾蛟自与焦琏出北门。战未合，（琏）奋臂顾左右曰："琏为诸君破敌。"横矛直奔我营。我兵围之，矢如雨下。琏左右冲击，势如游龙，我兵合而复散者再。抚粤将军刘起蛟亦大呼杀入，与琏合，击杀数百人，贯其营而出。胡一清从东至，腾蛟抚其臂曰："儿好为之。"一清应声跃马驰击。一清短小便捷，马上腾掷如飞，能标枪取人数十步外，百发百中。每乘马，必翦其鬃。王师认为牛，辄相戒曰："此骑牛蛮子不易当也！"一清与琏合兵再战，金汤、兆佐横击之。琏标下赵兴、白贵殊死战，王师大奔，追二十里，大帅几为所获。）

时值江西金声桓、王得仁反正，盖遇时袭茶陵，□帅心怀内顾，惟留副将李东斗领兵三千守永州，总兵徐勇领兵五千守长沙，衡、宝、武、靖、常德各府各留镇将领兵驻防，三王自撤满兵北去。三月朔，督师自永宁州率滇营并亲标出严关，围兴安，执□防弁杀之。正发于三月初十日，督催监纪范炳元狼兵三千名同总兵熊兆佐到兴安，督师大喜慰，因留发在行间，商进止。遂下取全州，与□兵战于飞銮桥，斩首数百级，□兵奔回守城，攻围四十日，克之。□兵脱走者仅十之三。留守亲至全州犒兵，与督师同在湘山寺，樽酒流连，欢洽旬日，拉发同还。

时有周鼎瀚者，以任子官中书，因武冈之变，上涂次播迁，一应本章命鼎瀚同金吾马吉翔暂理。鼎瀚至全，大署内阁，与发晤言，隐然中堂规模，发面斥之，闻留守来，即遁去。此五月念旬时也。

留守与督师面商：时方酷暑，兵士毋太苦。而一清必欲乘胜攻永，六月初旬，环永城数匝，两月不得下。保昌侯曹志建以火器五千助攻，城中粮断，□将李东斗大困，杀马马尽，杀老幼老幼尽，互相屠食。永绅刘兴秀在围城中，饥兵脔而食之。东斗窘急，以十数骑重铠血战，夺路穷奔。□广西抚院李茂祖就擒，解至桂林斩之。我兵直抵衡山，长沙震恐。

又刘承胤标镇陈友龙自武冈反正，光复黎、靖，下至宝庆。友龙每得□官，即剥皮示众，绰号陈剥皮，寻以功晋远安伯。张先璧亦自麻阳峒中出，尽有辰、常一带，三王至汉阳，闻陈友龙反状，归咎承胤，将承胤、傅上瑞等三千余人，无少长皆杀之。

本年正月内，金声桓、王得仁反正于江西；四月内，李成栋反正于广东。王得仁虽为声桓标将，原约结为兄弟，每行事如出一体。声桓、得仁与巡方不惬，巡方持其短，必得金巨万，始免白简。得仁原有故国之思，如此一激，遂密部将士，衷甲而往声桓署中曰："我等皆食践大明茅土，何可长沦腥秽，甘心犬豕乎？"袖出网巾一顶，露刃而前，持声桓发辫割之，即请束巾加冠。声桓曰："吾有心久矣！所以隐忍不发者，欲乘间待时耳！今弟举事矣，生为明人，死为明鬼，敢有他志？"得仁遂同声桓勒兵执巡方，跪而讯曰："汝尚欲我金乎？□主命汝巡方，为地方造福，奈何虎而翼、飞而食人耶？"遂命斩之。令城内外文武兵民反正，各郡县三日内去辫加冠。（永森按：《贰臣传》：声桓辽东人，明总兵。顺治四年，随左梦庚投诚，授总兵，讨江西有功，未酬封爵，怀叛志。王得仁者，旧为自成裨将，所称为王杂毛者也。助声桓攻战久，亦自负其功。以叙禄弗及，五年正月，声桓与合谋，纠众据南昌叛，杀巡抚董成学。六年正月，大兵克南昌，斩得仁，声桓中矢投水死。）

得仁即欲出九江，袭取南京，声桓以赣州高进库尚负固，必先取赣城，乃可东下。李成栋（永森按：成栋辽阳人，明总兵，顺治二年降）提督广东一年，广东义兵四起，日事扑殄，兵士摄甲无休日。詹事陈子壮、吏部张家珍俱以起义殉节。成栋曰："何起义之多耶？某身受国恩，位列开镇，反不如粤民好义耶？"袁彭年为藩司，与成栋养子李元胤友善，相与密谋，日夜说成栋举事。又总督佟养甲见成栋横肆，上疏请节制。成栋恚之，遂举兵围养甲，取满兵十余人尽杀之。养甲去辫纳印，诣见成栋，成栋礼待如初。（永森按：《逆臣传》：顺治二年，佟养甲署两广总督，成栋署两广提督，合军征广东。四年，由梆走广西，成栋与养甲分兵攻剿，次第平复。攻克梧州，会贼渠余龙连结陈子壮、张家玉寇掠肇庆、广州。养甲自广州告急，成栋将军赴援，俱击走之。是年六月，授提督广东总兵官，加左都督衔。先是，成栋与养甲兵定广东，以部众争功，渐生隙。至是因养甲奉命督两广，而己仅得提督虚衔，疑养甲有意抑之，怀叛志。明年正月，江西叛镇金声桓遗书成栋，约期举兵。成栋遂据南雄叛，纳款由梆，迎之驻肇庆，授伪爵为惠国公，使其党贼害养甲。又考《小腆纪年》：成栋怨望形诸词色，爱妾张氏，陈子壮之妾也，成栋艳而纳之，年余不欢。偶演剧，张氏见之而笑，成栋诘之，氏曰："为见台上威仪，触目相感。"成栋遽起著明衣冠，氏取镜照之，成栋欢跃，氏察知之，因怂恿焉。又按，家玉字子元，东莞人，崇祯癸未进士。诸书皆作家玉，此作家珍误。《东华录》云成栋使其党害养甲，此则云礼待如初。互有异同，未知孰是）。

先是粤东石米五两，及反正，士民皆欢呼载道，米价减至三两。又本年二月，国姓成功同郑鸿逵恢复建宁、漳泉、延江等处，全闽俱归旧版。初国姓疾父之降，遂同鸿逵全师下海，贝勒命芝龙作书招之。成功曰："蒙隆武皇上养我为子，赐我国姓，我已为朱家子，非复郑氏儿矣！且父既不为忠臣，又安望我为孝子哉？"（永森按：成功初名森，芝龙娶倭妇翁所生也。年十五，补诸生，试高等，食饩。弘光时，入南京太学，闻钱谦益名，执赞为弟子，谦字之曰大木。芝龙引森入见福王，王奇其貌，赐国姓，名成功。顺治三年，贝勒博洛以书招芝龙，芝龙障。时成功年二十二，阻之不从，遁入海。）继而贝勒挟芝龙北去，成功同鸿逵率师先取沿海地方，随登岸，尽复八闽。

六月内，李成栋差官南宁赍奏表，请驾幸广东。上以成栋新经反正，恐有叵测，未便轻往。成栋又上疏请，语甚迫切，以为："臣欲亲赴行阙，而东土新造，人心尚未贴安，臣一举足，恐生不测。皇上若不称跸，将以东省非王土耶？岂弃臣，抑疑臣耶？臣一点愚忠，弃八旬老母、三岁稚儿、全家五百口于淞江而不顾者，实欲一洗从前之羞，再造中兴之业，留微名于百年耳！今天颜咫尺，不得一见，其何以鼓舞士卒，号召义旅，为出岭之计耶？"疏上，上犹未决，留守与发驰书督师商酌此事，以为成栋既经背□，必无二三，上不东跸，反令成栋觖望，无以收人心。且金声桓、王得仁闻之，亦不鼓励。遂上疏力劝移跸。议以正发领滇营精兵三千，备一月行粮，赴梧州扈驾。正发于七月十六日，自桂林率兵从水路起行。二十二日，抵苍梧，暂候。二十八日，驾至，谒祭端陵。发于龙舟陛见，上问湖南情形，发一一奏闻。八月初一日，发领兵扈驾起行，李成栋于德庆州迎驾。初四日，驾至端州，遂驻跸焉（永森按：《小腆纪年》：李成栋遣使迎驾，瞿式耜虑成栋挟王自专，如刘承胤事，上疏力请驾幸桂林。疏令简讨蔡之俊、给事中蒙正发先后迎驾。前日粤东未复，宜驻桂以扼楚；今日江、广反正，宜驻桂以图出楚，事机所在，毫厘千里。王意未决，吏部侍郎吴贞毓力言成栋忠诚，迎驾无虚伪。王乃由梧入肇庆）。内阁严起恒、王化澄同居政府，又召朱天麟入直，首封李成栋惠国公，仍管两广总督事，封佟养甲襄平伯，何吾驺、黄士俊以成栋荐，复居相位。敕召大学士方以智，智以病辞。

时叙反正功，以曹烨掌兵部，晏清（永森按：晏清字元洲，黄冈人，万历己未进士。永历四年，吴毓贞、王化澄相表里以逼清，遂乞骸骨去。事详《永历实录》）为吏部尚书，吴毓贞户部尚书，洪天擢、朱盛浓、程峋俱兵部右侍郎，耿维恭工部尚书，余廷相更名心度，刑部右侍郎，吴文瀛更名吴璟，礼部右侍郎，掌尚书事。袁彭年（永森按：彭年字介眉，公安人，中道之子也。崇祯甲戌进士）掌都察院，张佐宸掌文选，继以施召征掌之，唐元楫掌职方，刘远生管戎政尚书事。刘湘客为少詹经筵讲官，陈世杰编修日讲，蔡之俊、张凤翼同为检讨日讲。姚端以待诏管诰敕，屈士璟、姚子庄俱翰林院待诏，扶纲为太常少卿，连城璧为大理寺少卿。丁时魁（永森按：时魁字斗生，江夏人，崇祯庚辰进士，授礼部主事）掌吏科，正发掌户科，李用楫掌礼科，许兆进掌兵科，继以金堡掌之，李日炜掌刑科，尹三聘掌工科。张孝起吏科给事中，陈子升、黄葵日、李贞、谢元忭、洪梦栋、雷德复俱兵科给事中。高赉明掌河南道，郑同玄、王者友、王朝柱、陆杻、谢昌俱为御史，邹统鲁中书科，王夫之、桎人行人司，温溥知礼部祠祭司主事，张应斗仪制司郎中，郭如泰户部江西司主事，李来冷、孟钰、朱昌时、钱秉镫、彭焱（永森按：焱孝感人）、吴霖、李芳先俱兵部职方司主事，吴侯鸿胪寺卿，何让鸿胪寺丞。大皇亲长洲伯王维恭掌前府，二皇亲王维让掌后府，商丘伯侯恂掌中府，西陵侯宋裕祚掌左府，襄城伯李守荣掌右府。续又晋封金声桓豫国公，王得仁建武侯，马进忠鄂国公，王进才襄国公，曹志建永国公，陈邦傅庆国公，焦琏宣国公，赵印选开国公，胡一清卫国公，张先璧□国公，马维兴宣城侯，王永祚宁远伯，蒲英绥宁伯，杨国栋武陵伯，马养麟（永森按：养麟，郧阳人，初从何腾蛟为副总兵）武陵公，四川王祥忠国公，贵州皮熊匡国公，谭诣、谭文俱晋伯爵，福建国姓成功□国公，郑鸿逵等俱赐玺书，晋秩上柱国。赵壹加兵部尚书，巡抚浔南；刘才鼎巡抚柳庆；鲁可藻加兵部右侍郎，巡抚广西；马光太仆少卿，巡抚全允；吴德操巡按广西；王□□加兵部右侍郎，巡抚惠潮；范鑛总督贵州军务；郑逢源巡抚贵州；瞿鸣丰巡按贵州；廖应亨巡抚云南。米琦以金都御史监王进才军，郑古爱（永森按：古爱字子遗，江夏人，壬午乡试出章旷门，旷亟荐不得中，抱其卷哭。武昌陷，南奔长沙，旷以为监纪推官。永历元年，擢监察御史，以功晋金都御史，后以忧恚成疾卒。事详《永历实录》）以御史监马进忠军，朱嗣敏以金都御史监曹志建军，江见龙以御史监熊兆佐军，倪炳元以御史监马养麟、周金汤军，丁元相以御史监督师亲军，兵科吴其霤监留守军，蓝亭以副使监滇营赵印选、王永祚、蒲英军，杨应亨以御史监胡一清军。郭都贤、周堪赓加内阁大学士，起复召用；王道直加兵部尚书；夏时亨、王应斗（永森按：应斗字天喉，崇阳人。天启壬戌进士，初为鄱阳令有政声。崇祯元年，考选云南道监察御史。国朝定鼎，本省按臣李敬疏荐，下部，以年老辞，不复出，著有诗文集若干卷。事详邑志）加兵部右侍郎，总督湖北山寨义旅；揭重熙加兵部尚书，总督江西义旅；刘季鑛以佥都御史督吉安义旅；曹彻昌、沈会霖授佥都御史，督由云寨义旅，其以职方主事衔奉敕联络者，不可枚举。

时文安侯马吉翔以从龙之功，悉揽朝权，又以武冈播迁之时，吉翔妾随端宁太后左右，甚得欢心，赐号勤敏夫人。吉翔恃有内主，益无惮，凡文武升授与章奏票拟，一一关会，然后行止，致有马皇帝之号。（永森按：吉翔，顺天大兴人，以武进士历官至广东指挥使。唐王立，至福建依郑鸿逵，擢锦衣卫都督佥事。福建陷，吉翔走肇庆。永历立，与定策事，升左都督掌卫事。从驾至全州，结刘承胤，为请封伯爵，加少保，晋封文安侯。大兵破云南，吉翔与李国泰等奉桂王走缅甸，缅人戕从亡者四十有一人，吉翔与焉。王船山《永历实录》则谓桂王走南宁时，吉翔知大势已去，遂不复从，匿浔州山中，久之出降，挟重赀北归，不知所终。与诸书颇异，未知是否。）一日，吉翔谓成栋曰："上念贵标诸镇将从公反正，功不可泯，尚未颁爵赏，烦疏姓名，以便上闻。"成栋即将杜求和、张月、李元胤、罗成耀、杨大甫等八员开列。吉翔即对成栋缮奏单封进，迟一时，伯爵之命遂下。吉翔固以此示恩也，成栋则以为示威福矣。归而叹曰："人言马皇帝，岂不信哉？懋赏丕典也，五等显秩也，爵人于朝，与士共之，乃于一座之顷，呼吸如意，何其神也？我弃老母幼子为此举，惟望中兴有成，庶不虚负，今见权奸如此，宁有济哉？"遂郁郁返羊城。

正发痛念峨山先师卒已经岁，恤典尚未请行，特具疏题请：

> 为臣师肤功特著，大典未伸，仅循分陈乞，仰恳圣明加恩优恤，以励臣忠事：臣闻市骨以致千里，式蛙以鼓战士，故恤死所以励生，追酬既往之庸，更倍懋加方新之赏也。故督辅臣章旷与督师臣何腾蛟共事湖南，身履下湘危疆，独当门户之冲，练兵于万难练之时，措饷于无可措之地，事事艰难，刻刻拮据。丙戌春，积劳成瘵，致成下血之病；继以勋镇主客不和，掣肘牵缠，挫机蹙地，两次身殉封疆，求死不得，愤郁填胸，又加呕血昏眩之疾。疆围事势日坏，督辅臣病症日剧。丁亥年，自春徂夏，犹忘躯力疾，重振军声，支撑湖南半载，病笃气绝，方肯息肩。然属纩之时，无一语及身家，惟云外胡内刘，惓惓以圣躬为念。督辅臣之死，为兵死，为饷死，为民死，为门庭之□死，为君侧之奸死。非漫焉抱不起之症，偃蹇床笫以死者也。鞠躬尽瘵，死而后已，督辅臣得以不死之身，再造中兴，其功业不失为先臣王守仁。今不幸尽瘵

以死，其忠勤劳绩，岂在汉臣诸葛下哉。

臣前奉命经理恢抚兵马钱粮，与督辅臣追随三载，督辅臣之劳之病之死，臣朝夕左右，摧肝肺腑，愿以身赎而无从者也。今督辅臣没已匝岁，尚不得邀皇上涓滴之恩，沾及重泉，是臣淹滞先劳，稽迟旷典，负君以负师之罪也。臣谨沥血吁请，伏乞皇上念督辅臣身为封疆而死，敕辅部衙门所有应给谥赠、祭葬、恩荫，查照典例，议复颁行。不独督辅臣衔结于九原，楚粤江闽封疆诸臣，闻皇上加恩于已逝之忠魂，莫不感激思奋，著懋功以邀懋赏，允收市骨式蛙之成效矣！

疏奏，奉旨："故辅臣章旷身任纲常，力扶宗社，乃心王室，毕命危疆，垂千秋之生气，留不死之孤忠。即今湖南再奠，墓草犹青，何莫非故辅臣英灵之所贻！一切赠谥祭葬诸典，已经奉旨照原议。未经议复者，速议。复该衙门知道。"部覆：谥文毅，赠华亭伯，荫一子中书科舍人，祭九坛，加祭三坛，全葬。奉旨依议。御制祭文，于三年七月敕差中书科邹统鲁往永州东安县石矶站致祭。

时永、衡虽光复，□镇徐勇驻守长沙，收衡、宝、辰、常兵将，俱集长沙，守御坚固，屡攻不下。十二月，督师在衡阳度岁。永历三年己丑岁正月，□遣乌金郑亲王从荆江至常德，袭忠贞营。高、李（永森按：流贼高必正、李赤心降明为忠贞营，称高、李十家）溃奔至长沙，急攻长沙城，将陷，探闻乌金至弋阳，遂弃去。方忠贞攻城之时，堵制抚语人曰："督师失之，我为复之，不亦善乎？"督师闻言，颇懊憾（永森按：王船山《永历实录》：堵胤锡字仲缄，宜兴人，崇祯癸酉举人，丁丑进士，由兵部主事历官湖广学政。何腾蛟奔长沙，题荐胤锡巡抚湖广。初，傅上瑞弃黄州，卖武昌城，坐事不测，章旷亦以廷议龃龉，二人皆腾蛟保荐擢用，刺署门生如故。胤锡以清望推督学，虽节钺之命自腾蛟荐，而朝廷委任不在腾蛟，雅不欲与上瑞齿，乃据旧章，刺以平交相往复，腾蛟不说。两府幕客类无赖士，益相构煽，遂成猜离，湖南北不相应，而瓦解之势成矣）。时忠贞众号十万，滇营闻其至，恐轧己也，驻衡州不肯下。适报马进忠至湘潭，督师既欲急于恢长，且闻忠贞大掠长境，西宁两湘之间，人畜杀几尽，争得督师至卵翼之。督师闻，单骑免胄入湘潭。会口师猝至，诸部方纵掠，不发侦入白。

正月十九日，口潜袭潭，屠其城，骑生得督师，欲强之降，坚卧不食。闻图赖佟固山至，辄下拜曰："闻公在武昌，善视吾母，宜答谢，非私公也。"乌金又命董英往劝，督师见英，裂眦大骂曰："汝是我七省督师大厅耶？今日何面目敢来见我？"董英垂首不敢出一言。督师不食已四日，苦渴甚，命奄僧往一宿河取水，僧曰："江水清冽可饮。"督师曰："此间水已染腥秽，岂可污我冰玉肺肠？一宿河尚从明土流出，故堪饮耳！"僧捧水一盂至，啜尽复卧。越二日，□帅知不可强，拽出流水桥，竟不屈，死之。（永森按：《小腆纪年》：腾蛟驻衡州，闻李赤心之弃常德东走也，大骇，檄马进忠由益阳至长沙，与诸将会师进取，而亲诣忠贞营，邀赤心入衡州。部下将士虑为赤心所袭，不护行，止携吏卒三十人往，赤心已东，尾之行。进忠方奉檄进发，闻督师轻身往，大骇，遣将宣威伯杨某追护之。腾蛟至湘潭，则赤心已不宿去矣。湘潭，空城也，降将徐勇轻骑侦知一人在焉，率兵径入。勇旧隶腾蛟麾下，率众罗拜，劝腾蛟降，腾蛟大骂，遂拥之去。既去，而杨某始至，急入求督师，凡七出七入，最后出桥，遇伏兵。矢中其肮，自掷桥下以死。腾蛟绝粒七日不死，乃见杀。事闻，王哀悼甚，赐祭九坛，赠中湘王，谥忠烈，其子文瑞以荫官金都御史。相传腾蛟所居有神鱼井，井故无鱼，腾蛟去，鱼忽满井，既死。井复空。人犹能言其处也。）上闻报，痛哭曰："天不祚朕耶？胡夺何先生之速耶？"废膳撤朝，极其悲悼。

　　前此□遣谭拜固山复江西，围困半载，上四调援兵，皆迁延不赴。戊子十二月，城破，王得仁巷战身死，金声桓赴井死。永历三年己丑正月，惠国公李成栋督兵五万出岭取信丰，高进库先期请救，谭拜至赣，与成栋对江而军。成栋乘夜欲潜师渡江，恃其马撒烈善水，重铠先渡，至江中，马蹶，堕水死焉。保丰伯罗成耀率全师还岭，□亦画岭而守，不复内窥。

制抚堵胤锡同忠贞营由茶陵、攸县、安仁、永兴以至江华、永明一带山县僻谷中，直达广东之星子、连州，所过杀掳，白骨满山，野民呼为白毛毡。永国公曹志建深憾制抚引纵忠贞，残害地方，于道州邀制抚入关，欲胁其上疏劾高、李，并移檄诸勋共讨之。制抚不从，遂闭之僧室中，将有不利。有永明何生员，制抚督楚学时考居高等，遂密领制抚黑夜从万棘中走脱，赴行在。正发向在廷盛称制抚人品功业，煜煜与督师比隆，群公皆敬惮之。南阳侯车骑将军李元胤（永森按：元胤，成栋养子也，本姓贾，河南人。永历四年。封南阳伯。元胤力辞不许，乃勉受车骑将军。此作侯爵，与诸书稍异）十里外橐鞬郊迎。

制抚到行在日，从事楸枰橙橘中乐。又听同乡细人之言，与马吉翔为莫逆交。又在七星岩与孙可望（永森按：孙可望陕西延安人，张献忠义子也。献忠败死，可望与其党奔云南，自称东平王。既而降附桂王，乞封为秦王，复背明与李定国战。兵溃，走河南，赴经略洪承畴军前降，授爵为义王）差卒潘世荣、焦光启歃血盟好。工科右给事金堡面斥其亵威灵，辱朝廷，制抚虽面谢过，然已深衔金给事矣。（永森按：《小腆纪年》：堵胤锡在梧州，王遣严起恒、刘湘客安辑忠贞营，至梧州而李赤心等已入宾、横二州，乃载胤锡回肇庆。十六日，朝行在，给事金堡劾以丧师失地，面责其结李赤心为援，张筵宴孙可望使者。且曰："滇与忠贞皆国仇也，厥罪滔天，公奈何独与之昵？"胤锡失色，徐曰："我鞅掌王事，如君言，竟无功耶？"堡曰："劳则有之，功于何有？"胤锡由是大恶元胤党，欲激李赤心东来以去之。而朝士之仇五虎者，又交构其间，胤锡乃移书瞿式耜，言奉王密敕，令共图元胤。式耜复之曰："我辈不力视封疆，乃听人皋牢而起衅端，非社稷之福也。"又按：金堡字道隐，仁和人。崇祯庚辰进士，授临清知州，颇有政声，以事去官。唐王幸湖南，堡朝行在，授兵科给事中。桂林城破为僧，名性因，上书定南王，乞葬瞿公式耜、张公同敞，后卒如其志，一时称义士云。）寻至浔州，与庆国公陈邦傅善。（永森按：王船山《永历实录》：邦傅字霖寰，浙江绍兴人。故富家子，有口辨，善逢迎，以贿中武科。父事职方司吏胡执恭，居中为援引，历官分守柳庆参将。隆武元年，杨国威反，焦琏与邦傅合兵，遂斩国威；琏功最，而邦傅以结纳丁魁楚，得录首功，挂平蛮将军印，擢都督同知，加太子太师，封思恩侯。大兵取广州，李元胤之兵溃于肇庆，邦傅乃西还。欲挟桂王以降，畏高必正，不敢入南宁，乃遗书约与焦琏兵固守永安。琏不设备，遂夜攻琏营，执琏杀之，献其首以降于孔有德。永历六年，李定国破桂林，执邦傅，磔之于市，传首黔楚，见者莫不快之。）邦傅怒忠贞溃入，坏其窟穴，与忠贞不两立，遂与制抚约结，为驱除计，以美姬赠制抚。忠贞见制抚与邦傅合，遂与制抚贰。久之，邦傅见制抚不能有为于忠贞，交情亦渐衰。制抚既失忠贞心，邦傅又不承权舆，复藉内阁朱天麟求依于留守，留守见其举动多乖，遂薄之。日暮途穷，忧愤抑结，七日内，抱疾而殒（永森按：封孙可望为王，结忠贞营以图恢复，堵制抚实主其说。与严起恒，金堡大相龃龉，其后卒受噬脐之毒，则比匪之伤，制抚自不得辞其咎。然平心论之：当时残山剩水，能与流贼为敌乎？阻可望之封，能保其不自王乎？则二者之议，权也，势也，非必其心之所安也。王船山作《堵制抚传》，称其忠直磊落，负有为之志；独惜轻信自恃，专意刑赏，屡启败偾，与何腾蛟交相猜薄，以至败亡。此则持平之论。圣功受知何腾蛟，与金堡为至交，其论制抚，词气之间，不免稍有抑扬，读者当分别观之）。

上恸督师、惠国之死，悲涕不已，命官结坛宇，亲临致祭。惠国之事，李元胤主之，惠国祭仪先备，上于八月初三日，肃辇道，亲临灵位前，三洒酒祭之，追赠宁夏王。督师之事，正发主之，上于八月初十日临祭，抚灵位大恸，三呼何先生，三洒酒，举朝臣工无不哭尽哀，以督师殉节中湘，追赠中湘王。发与吏部尚书晏清、都察院袁彭年、吏科都给事丁时魁，醵同乡金为督师致祭。文曰：

> 桓桓先生，崛起黎平，翼轸毓秀，海岳钟英。燦发贤书，名重玉除，伟人间出，谶应居诸。莫邪初试，熊封虎划，烈皇抡才，超跻卓异。藩宣开封，唐邸潜龙，早识真人，左右肃恭。流氛孔炽，

犯及豫地，跃马弯弓，身自为帅，贼渠褫魄，鼠窜
引避。维是方城，献逆纵横，烈皇特简，节钺专
征。内起疥癣，外捍牧圉，童叟欢呼，天方授楚。
云何昊天，降此荼毒？楚事之坏，由左良玉，先
生苦心，弥缝调剂。奈有黄澍，阶之为厉，孽子梦
庚，犯阙麾旌。先生义烈，蹈汉江泂，河伯有灵，
负公巨鲭，飘然拔起，再御轻舲。

　　燕都沦没，金陵草菅，鼎湖连哭，无髯可攀。
马奸卖国，史相捐躯，遍染腥氛，江、楚、浙、
吴。龙飞海甸，建武再见，先生故人，特膺主眷。
督师长沙，飘摇室家，外讧内溃，条绪如麻，半壁
南天，一身蔽遮。左、闽余部，穷窜南土，虽就戎
索，实为祸盅，呕心驾御，如驯狞虎。两出洞庭，
一捣嘉鱼，事机挫折，天意何如？

　　新皇御极，晋公定兴，先生拜表，陨越不胜。
诘兵难诘，筹饷无筹，重光衡、永，再薄潭州，先
生之志，以死为休。五坡岭前，弘范突至，吁嗟毒
网，信公失坠。穷庐环绕，玉山峭峭，不餐周粟，
不饮盗泉，诱劝宛转，金石弥坚，从容仰坑，骑箕上
天。大明日月，大明山川，大明旗鼓，大明衣冠。

　　先生既去，海竭山殰，凄怆宸衷，撤朝废膳。
亲御龙辇，素袍展奠，三呼先生，玉泪如霰，煌煌
旷典，古今仅羡！呜呼先生，帝之股肱，我之公

祖，福星照曜，久托高宇。先生既去，空侈三户，星陨中湘，因以封王，作宾于天，鹭冕衮裳。呜呼先生，江汉之水，陷而复出；长沙之炮，焚领不拭；武冈履尾，幸而不咥；一死泰山，天留今日。秋风其清，秋露其莹，敬挹端水，虔撷杜蘅，文武趋跄，鹤唳猿声。呜呼先生，鉴此哀情！

祭毕，在廷各省文武有公祭，南阳侯有私祭。督师建殊勋、死殊节，允应享此殊礼。呜呼，督师死，三湘之局结矣！正发之从事三湘，亦于此竣矣！虽督师死后，滇营赵印选、胡一清、王永祚、马养麟等犹出入全、永之间，支持两载，究竟倒影余烬，如姜伯约袭武侯之后尘，无当于规取中原之大举也。内阁严公秉钧当轴，身荷军国之重，厥后以正气植节，为孙可望所害，另详于严公列传（永森按：王船山《永历实录》：起恒，字秋冶，浙江山阴人，举北闱，中崇祯辛未进士。孙可望求封王爵，起恒力持不可。胡执恭伪造册宝，封可望秦王，惧伪露，乃密告可望曰："严学士必不肯撰敕册，此我密请之。"可望由是怨起恒。永历五年，遣其将吴将军者入见，挟兵拥行宫猝入起恒舟，佯与语。语竟，起送之出，遽挥铜椎击中起恒脑，堕水死。上闻之，痛哭，募泗人得起恒尸，裹御衾，买棺葬于南宁。《小腆纪年》则云：杀起恒者，可望之将贺九仪也。九仪杀起恒，投尸江中，尸流三十里，泊沙渚间，突出虎负之登崖，守视不去。

九仪等惊悸累日，乃礼而葬之山麓，至今人称虎坟云）与正发《岭表罪状》中（永森按：圣功此《状》未经传抄，想已散失。按：《小腆纪年》：时李元胤留守肇庆，王命陈邦傅统兵入卫，五虎失势。于是吴贞毓、郭之奇、万翔、程源辈咸修旧怨，与给事中张孝起、李用楫、李日炜、朱士鲲、御史朱统钥、王命来、陈光胤、彭全等疏论袁彭年等五人把持朝政，罔上行私，朋党误国十大罪。王以彭年反正有功，特免议，余下锦衣狱。大学士严起恒请对水殿，不得入，率群臣长跪沙际。都督张凤鸣受密旨，欲因是杀堡，于古庙中陈刑具，用厂卫故事严鞫之。堡大呼二祖列宗，余皆叩头哀祈，招赃数十万。狱成，堡、时魁并谪戍，湘客、正发赎配追赃。瞿式耜再疏争之，谓："中兴之初，宜保元气，勿滥刑，诏狱追赃，乃熹庙魏忠贤锻炼杨、左事，何可祖而行之？"王颁敕布四人罪状，式耜封还，谓："法，天下之公也，不可以螫语饮章，横加考察，开天下之疑。且四人得罪，各有本末，臣在政府若不言，恐失远近人望。"疏凡七上，不听）。

督师二嗣：次子丁冬被掳北去；长子讳文瑞，乙酉乡贡，历官兵部侍郎，继娶姜皇亲女，尝胆枕戈，收拾督师遗旅，矢志复仇。辛卯春，上跸南宁，时文瑞督兵昆仑关，与□相持数月，染瘴病且笃。诸将劝暂回宁养病，文瑞曰："昔伏波云：'马革裹尸。'古今壮之。我与其死于妻子之手，何如死于诸将手？犹不失身死封疆，为中湘王子也。"遂于行间易箦。嗟乎，中湘可谓有子矣！

跋

　　正发纪《三湘从事》，纪毕，投笔叹曰：国祚中兴，何代蔑有？高皇帝提三尺剑长驱逐北，拨转倒置之乾坤，得天下之正，与汉高等。然汉家享祚灵长，光武起自白水，重嘘炎运，历数二百九十四年。唐肃宗即位灵武，灭安史，重奠钟簴，历十四帝，一百五十八年。赵宋南渡，虽云孱弱，犹更九帝，绵历一百五十三年。至我明烈皇帝，以精明而失天下，从古希觏。亡何，孝安即位南都，翠华才建期月，遂蹈徽钦之辙。犹谓孝安昏庸，不克负荷，加以马、阮当国，斫伤元气，譬人抱剧病，犹复治以庸医，剂以毒药，岂不毙哉？思文皇帝文武英明，励精图治，中兴规模，大有可观。第以求效大速，羽翼未成，牙爪先露，致失拥戴，勋臣离心，开门纳敌，又为奸辅所卖，遂蒙汀州之尘。今上神庙嫡孙，叙亲叙贤，圣德浑厚和平，绰有汉高大度之风，宜即重新日月，再整河山，两都故物，何难鞭箠收之？乃五稔湖南，寸土未恢，百里日蹙，岂人事之多乖，抑天命之已改耶？

　　正发衡而断之曰："始终皆流贼之为害也。"闯逆

280

初起绿林，渐成巨寇，称兵犯阙，喋血禁廷，禄山、黄巢之祸，不烈于此矣！幸而假手□□，闯逆授首，死于九宫山村民之手，率土痛愤，于兹稍快。督师何公、总督章公，同内阁严公、制抚堵公，撑持湖南，绸缪拮据，以为光武之河北，高宗之钱塘。不意布置甫就，而闯逆之余烬又窜入矣！始而穷鹿奔薮，摇尾以求怜；继而养虎贻患，张牙而恣噬。杀民则惟恐其不尽，穴斗则枭然以称雄，见北敌则鼠窜，出南塘则鹰扬。高、李虎踞于长、常，王、郝鸱张于衡、永，袁、刘蚕食于澧、沅，且以有用之金钱，养此多害之溪壑。人或归咎于督师之不应抚纳以自贻伊戚，不知敌方狡焉启疆，此穷而来归者若不收之戎索，势必披倡踔跳，立见决裂。既拒门庭之□，又办堂奥之寇，其为祸也，不更速乎？故督师初计以为此辈可驯而用之，则不召不募，坐获精兵十万；否则縻以虚器，戢其爪牙，使不致决裂成变，亦权宜补救之一术也。

或曰，刘承胤、张先璧、曹志建、黄朝宣非贼也，而所以率多不驯，将安归咎乎？夫刘承胤叛逆成性，董卓、朱泚合为一身，此固有北投之、豺虎畀之者。张先璧、曹志建、黄朝宣、虽纪律不严，扰民毒地，其初皆奉督师调度，后见新营骄横，遂尔效尤。又为王、郝、高、李轻视，南人每加凌轧，不得不各踞一窟，以防袭劫耳。

　　总督章公愤客兵为害，乃与督师决策，自练亲标，始得自将湘下，立定脚跟，与敌相拒潼溪，新墙之间，胜负各当。岳阳之役，若无新营偾事，方城、汉水，可鸣镝而下也。大敌已报压境，又与亲标起营房之争，曾不移时，胡马长嘶，宛其入室，独不以一矢相加遗，何耶？湖南块土，糜烂已尽，永忠狼顾入八桂，所到之处，城邑荆榛。忠贞营自常德乱窜，崎岖衡、永僻邑之地，蹓入粤东三连，经四会，历怀集，渡苍梧，深抵浔南，两粤遂从此坏。孙可望，献逆前部也，西川败遁，南来休沐，收渔人之利，攘我六诏，滇、黔遂从此坏。

　　向使悉湖南之钱谷以赡亲标，则指臂效命，不致有内梗之忧。向使忠贞不奔长沙，则滇营必随督师鞭弭，当不致有中湘之失。向使郝永忠、高必正不蹂粤土，则曹、焦、赵、胡不致分心内顾，而疏疆圉之防。向使孙可望不袭据云南，则滇、黔之财赋甲兵，必为我用，不致有饷匮兵单之患。北自燕都，南至滇、粤，流毒所及，悉成溃决。故曰："始终皆流贼之为害也。"即督师之以殉节死，督辅之以劳瘁死，制抚之以愤郁死，其祸原岂外是哉？

　　且光武当年新莽传首之后，王郎、赤眉以次剪除。假令铜马、高湖诸部若不投身效命，其何以成建武之业？唐肃宗藉塞上精兵，又得回纥、吐蕃内助，专力以办安史。假令灵武、凉、晋间，有纵横跅弛之徒，其何以收两京而还旧物？宋高宗恃长江之险，以限南北，假令浙、闽、吴、楚诸路，有尾大之将，为腹心痼疾，其何以延建炎之祚？故汉、唐、宋祸在外而不在内，所以毕心一志，致中兴而延历数。本朝内外俱受其祸，故智力交困，张而复蹶，不得媲美前代也。

虽然，中兴者，中兴也，谓剥极而复，绝极而苏，恰当其扼而兴，非适中之说也。孟子曰："以其时考之，则可矣。"父母既死，犹思招魂而复之，敢作绝望想哉？或曰：天下大位，神器大宝，兴衰之数，天实主之。岂可全咎人事？然正发从何、章二公共事三湘，其中事势，历历身履而熟谙之者也。故不敢归诸苍苍，以开人推诿之端也。